# Lebenswendepunkte 2

Bewegend – Bereichernd – Inspirierend

Das Mutmacherbuch, um Chancen zu ergreifen!

Hrsg. Peter Buchenau und Wilma Elles



Lektorat: Heike Thissen; kontakt@heike-thissen.de
Cover Design: Tuğçe Yalçın; tugce-yalcin@web.de
Cover Originalbilder: Mario Schmitt & Ugurtan Aydemie
ISBN: 9798440123724
Veröffentlichung: April 2022, 1. Edition

PETER BUCHENAU
Buch - Bücher - Bühne - Verlag
The Right Way GmbH
CH 8884 Oberterzen

# Inhalt

## Über die Herausgeber

Peter Buchenau
Fotograf: Henry Putter

Wilma Elles
Fotograf: Ufuk Sarien

Wilma Elles und Peter Buchenau können aus eigener Erfahrung erzählen, dass das Leben nicht immer geradlinig verläuft. Es steckt voller Misserfolge, Krankheiten und Verlusten. Es ist aber auch voller Erfolge und Bereicherungen. Sie alle gehören individuell zu jedem Menschen. Worauf es ankommt, ist, was jeder einzelne aus diesen Erfahrungen macht. Liegenbleiben und Stillstand sind die falschen Signale. Wenn irgendwo eine Tür zufällt, springt irgendwo eine andere auf. Nicht umsonst steht im chinesischen Alphabet dasselbe Zeichen sowohl für Krise als auch für Chance. Eine Krise ist immer eine Chance. Die Herausgeber Wilma Elles und Peter Buchenau haben stets ihre Chancen genutzt, auch wenn der Weg oft schwer und steinig war. Sie wissen: Wendepunkte gehören zum Leben. Sie werden nie aufhören, solange sich die Erde dreht.

Wilma Elles ist heute eine gefragte internationale Schauspielerin und Designerin. Außerdem steht sie als Moderatorin und Model auf unzähligen Showbühnen.

Peter Buchenau ist Mr. Chefsache am deutschen Buchmarkt. In seiner Chefsache-Buchserie wurden mittlerweile mehr als 45 Werke im Springer Gabler Verlag veröffentlicht. Zudem steht er als Komiker auf deutschen Comedy-Bühnen und hält mehrere Lehraufträge an Hochschulen.

Auch möchten sich die Herausgeber für den Mut und die Bereitschaft der nachfolgenden zwölf Autoren bedanken, ihre individuelle Lebensgeschichte hier öffentlich den Lesern mitzuteilen. Auch ein herzliches Dankeschön geht an das Lektorat von Heike und die Cover Gestaltung von Tuğçe.

Und Danke natürlich auch an Sie liebe Leserinnen und Leser. Mit dem Erwerb dieses Buches helfen Sie vielen hungernden Menschen.

Danke dafür.

# Vorwort Hardy Walle

Bild Hardy Walle (Fotograf: Eigenbild)

Vorwort von Hardy Walle

Ich erinnere mich noch gut an eine Patientin, die sich bei mir zur Ernährungsberatung vorstellte. Bei ihr stimmte irgendwas nicht. Sie war mürrisch, ja fast feindselig mir gegenüber und hatte eigentlich gar keine Lust, irgendwas zu ändern. Als ich sie darauf ansprach und fragte, warum sie denn überhaupt zu mir komme, erklärte sie mir, dass ihre Mutter (76 Jahre!) bei mir im Frühjahr sehr erfolgreich das Leberfasten durchgeführt habe und die Mutter sie nun massiv dränge, das ebenfalls zu tun.

Jetzt wurde mir einiges klar. Diese Frau war 52 Jahre alt, stand voll im Leben und hatte offensichtlich mit ihrem Gewicht kein Problem. Bei einer Größe von 164 Zentimeter wog sie 114 Kilo, ihr

Taillenumfang betrug 127 Zentimeter und lag damit weit über der Obergrenze von 88 Zentimeter. Doch das war ihr offensichtlich egal!

Sie hatte sich mit ihrem Gewicht arrangiert, vielleicht fühlte sie sich auch wohl dabei. - Keine Ahnung. Und dann kommt da ihre Mutter und drängt sie zum Abnehmen.

Ich habe der Dame erklärt, dass eine Ernährungsberatung natürlich nur dann Sinn macht, wenn sie motiviert ist und auch bereit ist, langfristig etwas zu ändern.

Wir einigten uns darauf, zunächst mal die Laborwerte zu kontrollieren. Und dann kam das schockierende Ergebnis: Sie waren alles andere als normal. Der Blutzucker-Langzeitwert HbA1c lag bei 9,1 % (normal sind unter 6 %). Die Dame hatte also einen „ordentlichen" Typ-2-Diabetes. Und die Triglyceride und die Leberwerte waren auch deutlich erhöht. Also nicht nur Diabetes, sondern auch noch, Fettleber.

Und damit änderte sich schlagartig die Motivation: „Diabetes?, Fettleber?, Tabletten, vielleicht sogar Insulin-Spritzen? Das will ich nicht!"

Plötzich war sie extrem motiviert etwas zu ändern. Und das tat sie dann auch – und zwar konsequent: Innerhalb von 14 Tagen nahm sie mit dem Programm „Leberfasten nach Dr. Worm" 6,4 Kilo ab und reduzierte ihren Taillenumfang um beeindruckende 8 Zentimeter. Die anschließende Laborkontrolle motivierte sie zusätzlich: Der Nüchtern-Blutzucker war wieder normal, die Triglyceride hatten sich erheblich gebessert und auch das HbA1c war schon deutlich niedriger.

Jetzt wollte sie es wissen! Sie nahm in den nächsten zwölf Wochen mit dem Bodymed Programm insgesamt 20 Kilo ab. Der Taillenumfang hat sich dabei um 28 Zentimeter auf 99 Zentimeter vermindert und sämtliche Labowerte waren wieder normal und das ohne irgendeine Tablette!

Sie kleidete sich komplett neu ein, änderte ihre Frisur und begann, Sport zu machen.

Sie hat ihr neues Gewicht nicht nur gehalten, sondern auch noch weiter reduziert. Sie ist ein neuer Mensch und sagt im Nachhinein, dass die „Diabetes Diagnose" das Beste war, was ihr passieren konnte.

Einschneidende Ereignisse zwingen zum Nachdenken. Wenn man dann bereit ist, dies als Chance zu betrachten, kann ein solches Ereignis am Ende des Tages ein Glücksfall sein, wie eben die Diagnose Diabetes bei meiner Patientin.

Die beeindruckenden Lebensgeschichten in diesem Buch sollen auch Sie dazu motivieren, Ihr „Schicksal" selbst in die Hand zu nehmen und mit den Herausforderungen zu wachsen.

Dies wünscht Ihnen

Hardy Walle

# Begleitwort Charlotte de Brabandt

Bild Charlotte de Brabandt (Fotograf: Laurent de Brabandt)

Charlotte de Brabandt ist Moderatorin und Expertin im Bereich Technologie und Verhandlung. Sie bringt globale Industrieerfahrung in den Bereichen Automobil, Uhren, IT/Software sowie Pharma und Konsumgüter mit. Bekannt wurde sie durch zahlreiche Auftritte in der Buyer Community. Ihre Vorträge und Workshops setzen wertvolle Impulse, um das eigene Leben zu verändern und in die gewünschte Richtung zu lenken. Schließlich haben wir nur das eine Leben und wir sollten es nutzen, um unsere Ziele zu realisieren. Denn nichts ist schmerzlicher als der Blick zurück auf ungenutzte Möglichkeiten.

**Wendepunkte im Leben**

Die meisten Menschen haben Angst vor Wendepunkten, da sie diese Veränderung mit einem Tiefpunkt oder einer Lebenskrise verbinden. Doch das ist häufig nicht der Fall. Es geht darum, zu erkennen, was das eigene Leben aus der Balance bringt. Unzufriedenheit, Frustration und emotionale Krisen zeigen, dass die persönliche Situation ganz oder in einigen Teilbereichen nicht mehr zu ihnen selbst passt. Eine Veränderung muss her. Viele Menschen erkennen diese Situation, kommen aber nicht weiter. Sie wissen nicht, was genau sie ändern wollen. Hören Sie auf Ihre innere Stimme, beobachten Sie sich selbst und versuchen Sie herauszufinden, was Sie unzufrieden macht oder Ihnen ein ungutes Gefühl gibt. Wer kurz vor einem Wendepunkt steht, fühlt sich mit einem scheinbar unlösbaren Problem konfrontiert. Es erfordert Mut und Umdenken, um sich auf die Situation einzulassen und aus der Herausforderung einen positiven Wendepunkt zu machen. Positive Veränderungen bringen eine neue Balance. Die Persönlichkeit entwickelt sich weiter und Sie erhalten neue Impulse und Ideen. Jeder Wendepunkt ist individuell. Anlässe geben einschneidende Erlebnisse und Veränderungen im Privat- oder Berufsleben wie das Ende einer Beziehung, berufliche Unzufriedenheit oder ein neuer Lebensabschnitt nach dem Studium oder im Job. Immer dann, wenn die Zukunft ungewiss ist oder zu starr scheint – beispielsweise bei einer frustrierenden Routine im Job ohne Karriereaussichten – begeben sich Menschen auf Sinnsuche. Das Streben nach Selbstverwirklichung und Authentizität steht häufig im Fokus. Wendepunkte sind somit ein ganz normaler Lebensabschnitt, der Sie mit der richtigen Strategie Ihren Zielen näherbringt. Eine Neuausrichtung im Berufs- oder Privatleben kann Wunder wirken. Dabei spielen die eigenen Ziele und die Art und Weise, wie Sie sie kommunizieren, eine große Rolle. Inspirierende Menschen liefern wertvolle Impulse und Ideen auf dem Weg. Sie sind wie Leuchttürme in der Dunkelheit. Ich selbst habe die 4-C-Methode ausprobiert und bin meinen Zielen und Lebensträumen ein Stück nähergekommen.

## Goodbye Komfortzone

Jeder kennt seine eigene Komfortzone, diesen wunderbaren Bereich, in dem wir uns sicher und wohl fühlen. Bequemlichkeit und Risikofreiheit sorgen dafür, dass wir hier verweilen. Womöglich halten Sie Ängste von neuen Herausforderungen ab. Wer sich persönlich weiterentwickeln und erfolgreich sein möchte, muss diesen Bereich verlassen. Der Weg zum Erfolg wird an der ein oder anderen Stelle mit einem mulmigen Gefühl verbunden sein. Sobald das Ziel näher rückt, stellt sich ein bereicherndes Gefühl ein. Zufriedenheit, ein lebenswerteres Leben, persönliche Weiterentwicklung und das Meistern neuer Herausforderungen beginnen mit dem Verlassen der Komfortzone. Auf dem Weg zum Ziel lernen Sie sich selbst und Ihre Talente und Fähigkeiten besser kennen. Das Überwinden der eigenen Ängste steigert das Selbstbewusstsein und das Leben erhält einen neuen Schwung. Wer es sich nicht in der Sackgasse Komfortzone gemütlich macht, ist erfolgreicher und glücklicher. Klarheit über eigene Wünsche, das Visualisieren der Ziele in Erfolgstagebüchern und kleinere Veränderungen wie eine andere Arbeitsroutine, neue berufliche Netzwerke, Aufgaben mit mehr Verantwortung, ein neuer Kleidungsstil oder ein neues Hobby sind Teilschritte auf dem Weg zur Neuausrichtung in ein erfolgreiches Leben ganz nach den eigenen Vorstellungen.

## Die eigenen Bedürfnisse und Ziele kennen

Clarity ist die Basis im Selbstfindungsprozess. Klarheit bedeutet, die eigenen Wünsche, Ziele und Bedürfnisse zu kennen. Der Fokus liegt dabei stets auf dem Hauptziel. Ein klarer Geist lässt uns stimmig und zielgerichtet denken und handeln. Dabei ist es wichtig, energieraubende und unnötige Gedanken loszulassen. Diese verbrauchen Ressourcen, die sich auf dem Weg zur Selbstfindung woanders besser einsetzen lassen. Vermeiden Sie Gedankenschleifen, die Sie herunterziehen. Sie verhindern, dass Sie Ihren Zielen näherkommen. Wer diesen Ballast abwirft, hat mehr Raum, um sich auf das Wichtige zu konzentrieren. Freiraum ist der erste Schritt zur Selbstverwirklichung und inneren Balance. Der klare Blick hilft, die eigenen Ziele ohne Umwege zu erreichen und die richtigen Entscheidungen zu treffen. Die Denkweise erinnert an wirtschaftliche Prinzipien. Es geht darum, mit den vorhandenen Ressourcen maximale Erfolge zu erzielen. Die zentrale Frage lautet: Was möchten Sie im Leben erreichen? Welche Schritte sind notwendig?

## Erfolg ist individuell

Der Startpunkt für die Selbstfindungsreise und der Weg zum Erfolg sind einfach: Sie müssen sich und Ihre Ziele kennen. Finanziell motivierte Ziele sind beispielsweise die Realisierung der eigenen Gründungsidee oder des Traumhauses. Finanzielle Sorgenfreiheit, Unabhängigkeit und Wohlstand sind weitere beliebte Ziele. Wer den Fokus auf den Körper legt, setzt sich Ziele wie Gesundheit und Wohlbefinden. Das eigene Handeln begünstigt einen vitalen, sportlichen und leistungsfähigen Lebensstil. Auch die emotionale Ebene ist von Bedeutung. Achtsamkeit, Glück, Freude und die Balance von Körper und Geist stehen im Fokus. Von den meisten Menschen werden Karriereziele an erster Stelle genannt. Egal, ob

Sie eine eigene Gründungsidee verwirklichen, eine Jobposition erreichen oder die eigenen Talente und Fähigkeiten optimal weiterentwickeln möchten – mit der richtigen Strategie und dem passenden Mindset gelingt das Vorhaben leichter.

**Sich selbst kennenlernen**

Viele Menschen stellen die eigenen Bedürfnisse zwischen dem stressigen Berufsleben und den Verpflichtungen im Privaten hinten an. Das kenne ich aus eigener Erfahrung. Der herausfordernde Alltag zwingt uns, einfach zu funktionieren. Da bleibt wenig Raum für sich selbst. Nehmen Sie ein wenig Tempo aus Ihrem Leben. Eine Auszeit hilft, die Gedanken zu strukturieren und Klarheit zu erhalten. Achtsamkeitsübungen und Meditationen unterstützen dabei, den richtigen Fokus zu finden. Halten Sie motivierende Gedanken, Glaubenssätze, Ideen, Wünsche und Träume in einem Tagebuch fest. Es entsteht ein immer klareres Bild von Ihren Wünschen und Zielen. Ist das Bild klar genug, lässt sich auf dieser Basis ein Aktionsplan erstellen. Dieser veranschaulicht die einzelnen Schritte auf dem Weg zum Ziel. Bleiben Sie bei allen Schritten flexibel und offen. Schließlich kennen Sie im Vorfeld nicht alle Einzelschritte. Der Aktionsplan ist dynamisch. In regelmäßigen Abständen passen Sie ihn immer wieder an Ihre Situation an. So erhalten Sie einen Überblick, was Sie erreicht haben und welche Steps noch auf Sie warten. Behalten Sie das Hauptziel fest im Blick. Fokus und Emotionen vereinfachen den Prozess. Mit einem festen Glauben schaffen Sie, was Sie sich vorgenommen haben – egal, wie schwer und lang der Weg erscheinen mag. Entscheidungen zu treffen, ist eine der größten Herausforderungen. Viele Menschen empfinden das als schwierig, da der Entscheidungsfindungsprozess andere Möglichkeiten ausschließt. Fragen wie „Ist die Entscheidung die richtige?“ drängen sich auf. Visualisieren Sie jede Option schriftlich samt Pro und Kontra. Nun gelingt es leichter, die richtige Entscheidung zu treffen. Dabei muss nichts überstürzt werden. Nehmen Sie sich Zeit, bis Sie die richtige Entscheidung klar und sicher treffen können. Schauen Sie nach vorn und nicht zurück. Vertrauen Sie auf Ihre Intuition, denn diese ist der innere Kompass.

**Kommunikation als Schlüssel zum Erfolg**

Der Kommunikationswissenschaftler und Philosoph Paul Watzlawick prägte fünf Grundregeln, die die Bedeutung der Kommunikation erklären. Eine lautet: „Man kann nicht nicht kommunizieren.“ Nicht nur Worte, auch Körpersprache ist Kommunikation. Wie wir kommunizieren, beeinflusst unseren Erfolg. Charisma und Ausstrahlung spielen eine große Rolle. Kommunikation gilt als Kunst. Mit ihr interagieren wir nicht nur mit unserer Umwelt. Wir beeinflussen Menschen, prägen Einstellungen und tauschen uns zu Themen aus, die für uns wichtig sind. Ein inspirierender Kommunikationsstil fördert die Kreativität und gibt den Personen um uns herum ein gutes Gefühl. Das ist vor allem im Job von Bedeutung.

**Motivierend kommunizieren**

Eine positive Grundeinstellung und Enthusiasmus wecken Begeisterung. Dieser Kommunikationsstil ist kraftvoll und wirkt auf viele Menschen anziehend. Wer Dinge positiv und mit Freude präsentiert, kann sich der Aufmerksamkeit des Publikums sicher sein. Auch die Körpersprache beeinflusst das Bild, das wir von anderen Menschen haben. Worte erhalten mit der passenden Gestik und Mimik mehr Ausdruckskraft. Tagtäglich werden wir in den Medien mit negativen Informationen konfrontiert. Auch in der Alltagskommunikation nehmen negative Botschaften einen großen

Raum ein. Wer positiv kommuniziert, findet dankbare Zuhörerinnen und Zuhörer. Das können Sie im Job gezielt nutzen. Mit einer positiven Kommunikation verändern Sie das Mindset Ihrer Mitmenschen. Statt die Erwartungshaltung negativer Dinge zu erfüllen, begeistern Sie mit positiven Informationen. Ein optimistischer Kommunikationsstil ist die ideale Basis für eine zielorientiertes, kreatives und konstruktives Teamwork. Auch die Beziehungsebene wird beeinflusst. Das Team arbeitet erfolgreicher und langfristig mit Ihnen zusammen. Der Wohlfühleffekt steigert die Loyalität und die Leistungsfähigkeit. Vermitteln Sie eine positive Grundstimmung und achten Sie auf die Tonalität und Wortwahl. Begeistern Sie Ihre Zuhörerinnen und Zuhörer und unterstreichen Sie das Gesagte mit der passenden Körperhaltung und Körpersprache. Bei einer erfolgreichen Gesprächsführung ist auch Zuhören besonders wichtig. Fragen signalisieren Interesse und Wertschätzung am Gegenüber. Ihr Team, Ihre Kolleginnen und Kollegen oder Freunde wissen es zu schätzen, dass Sie sich Zeit nehmen, um zuzuhören.

**Ein hilfreiches Netzwerk aufbauen**

Wer sich mit erfolgreichen Menschen umgibt, bringt auch den eigenen Erfolg voran. Ihr Umfeld beeinflusst die persönliche Sicht auf die Dinge. Bestimmte Angewohnheiten und Verhaltensweisen übernehmen wir aus dem Freundes- und Bekanntenkreis und von Kolleginnen und Kollegen. Dieser Prozess spielt sich unterbewusst ab. Achten Sie genau darauf, welches Netzwerk Sie weiterbringt. Ein inspirierender Freundeskreis kann eigene Ideen positiv beeinflussen. Gemeinsame Interessen und Ziele sind das verbindende Element. Folgendes Beispiel veranschaulicht diesen Zusammenhang: Ihre Freunde sind nicht sehr gut in Form. Sport und gesundes Essen stehen nicht im Mittelpunkt des Lebensstils. Gemütlichkeit, Junk-Food und ungesunde Aktivitäten sind stattdessen Teil des Alltags. Wissenschaftliche Studien zeigen, dass dadurch auch die eigene Motivation, Sport zu treiben und einen gesunden Lebensstil zu realisieren, abnimmt. Das Umfeld wird als Normalität wahrgenommen und ist der Vergleichspunkt zum eigenen Leben. In dem Fall ist es ratsam, diese schädliche Komfortzone zu verlassen, um eigene Ziele in Angriff zu nehmen. Die Angst vor Veränderungen ist dabei die größte Herausforderung. Wer seine Träume realisieren möchte, profitiert von einem Umfeld, das optimistisch mit Veränderungen umgeht. Freunde, die eigene Träume verwirklichen, ermutigen andere, genau dasselbe zu tun. Die Einstellung, das Leben nach den eigenen Wünschen zu gestalten, wird zur neuen Normalität. Die neue Community wirkt sich positiv auf den eigenen Lebensstil aus. Sportliche, dynamische und erfolgreiche Freunde motivieren Sie dazu, das Beste aus sich herauszuholen. Man trifft sich beim Workout im Fitnessstudio oder in einem trendigen Restaurant mit gesundem Food. Personen aus dem Start-up-Umfeld können bei der Realisierung eigener Gründungsideen behilflich sein.

**Die richtige Community im Hintergrund**

Die Suche nach dem passenden Bekannten- und Freundeskreis beginnt mit Klarheit. Werden Sie sich klar darüber, mit welchen Menschen Sie sich umgeben möchten. Networking-Events, Trainings, Fachmessen und Business-Lunches sind eine gute Möglichkeit, genau diese Personen zu treffen. Neben dem fachlichen Austausch bieten sich Gelegenheiten, einander besser kennenzulernen. Sie treffen auf inspirierende Menschen, die Ihr Netzwerk bereichern. Die neu gewonnenen Freunde und Bekannten helfen, eigene Ziele und Träume zu realisieren. Das liegt daran, dass diese Menschen ähnliche Motivationen und Ziele haben. Aus den anfangs oberflächlichen Bekanntschaften können sich langfristige Freundschaften und Geschäftsbeziehungen entwickeln. Die digitale Welt bietet mit Social Media viele Möglichkeiten, sich zu vernetzen. Auf Facebook und Instagram treffen Sie Menschen mit gleichen Interessen. In Gruppendiskussionen stehen User mit hilfreichen Ratschlägen und Wissen zur Seite. Daraus können interessante Kontaktpunkte und Diskussionen entstehen. Für das berufliche Netzwerk eignen sich Online-Plattformen wie Xing und LinkedIn.

**Eigene Denk- und Verhaltensmuster hinterfragen**

Das Bewusstsein ist ein wichtiger Baustein zum persönlichen Erfolg. Doch was ist das Bewusstsein eigentlich? Im Zusammenhang mit Erfolg geht es darum, eigene Fähigkeiten und Talente zu kennen und bewusst einzusetzen. Auch das Bewusstsein für Wünsche und Ziele und Wachsamkeit bei der Einschätzung der Ereignisse im Umfeld spielen eine große Rolle. Auf diese Weise gelingt es, Zusammenhänge zu verstehen und aktiv auf Entwicklungen Einfluss zu nehmen und Probleme zu lösen. Beziehen Sie alle Einflussfaktoren in die Betrachtung ein. Das Bewusstsein und die Wahrnehmung wichtiger Aspekte lassen sich trainieren. Auch hier steht zu Beginn wieder die Klarheit mit der Frage: Was möchten Sie erreichen? Konzentrieren Sie sich bei der Antwort auf Ihre Ziele und beziehen Sie alle Entscheidungskriterien und Einflussfaktoren in die Überlegungen ein.

**Stetiger Lernprozess**

Den bewussten Denkprozessen steht das Unterbewusstsein mit unbewussten Denk- und Verhaltensmustern gegenüber. Diese können uns davon abhalten, Neues zu wagen, unser Leben zu verbessern und Ziele zu erreichen. Häufig ist es nicht das Leben, das uns Steine in den Weg legt. Wir selbst können der schwerste Stein auf dem Weg zum Erfolg sein. Sie träumen von einer neuen beruflichen Herausforderung oder einer Unternehmensgründung? Das Konzept steht bereits und in Gedanken malen Sie sich aus, wie es sein wird, den eigenen beruflichen Traum zu verwirklichen? Wäre da nur nicht der innere Kritiker, der die Idee immer wieder sabotiert? Was, wenn die Geschäftsidee nicht funktioniert? Wenn sich alles anders entwickelt als geplant? Das Unterbewusstsein hält Personen häufig in der gewohnten Situation fest, denn in dieser ist das Risiko kalkulierbar. Es möchte Menschen vor dem Scheitern bewahren. Doch immer dann, wenn wir an neuen Herausforderungen und Challenges wachsen können, sind diese unbewussten Gedanken ein Hindernis. Wer seine Träume nicht verwirklicht, wird niemals wissen, ob diese erfolgreich sein können. Ohne Grund verzichten wir auf Erfolge, die wir mit den richtigen Schritten erreichen könnten. Intention und Handlung stehen in Widerspruch zueinander. Verantwortlich dafür sind Glaubenssätze, die fest im Unterbewusstsein verankert sind. Ein Beispiel für einen negativen Glaubenssatz lautet: „Das schaffe ich nicht, ich brauche es gar nicht probieren." Auf dem Weg zum Erfolg ist es wichtig, diese Form der Selbstsabotage zu erkennen und aufzulösen. Dieses destruktive Verhalten kann nicht nur im Berufsleben, sondern auch unbemerkt in Beziehungen auftreten und diese auf Dauer zerstören.

**Verabschieden Sie sich von negativen Glaubenssätzen**

Beobachten Sie sich selbst genau. Wenn Sie negative Denk- und Verhaltensmuster erkennen, haben Sie den ersten Schritt getan. Sie nehmen diese nun bewusst wahr und können aktiv an einer Veränderung arbeiten. Dabei ist es hilfreich, das eigene Leben von außen zu betrachten. Schauen Sie aus der Perspektive einer anderen Person auf Ihr Leben und Ihre Einstellungen. Unbewusste Gedanken und Verhaltensweisen fallen dadurch auf. Ordnen Sie diese anschließend in positiv und negativ ein. Nun können Sie die negativen Muster stoppen, indem Sie diese durch positive Glaubenssätze und Verhaltensweisen ersetzen. Im Prinzip programmieren Sie sich damit selbst auf Optimismus und Erfolg. Geben Sie positiven Gedanken und Handlungen mehr Raum. Nach und nach verändert sich das eigene Denkmuster. Mit dem positiven Mindset schreiben Sie unvoreingenommen Sätze und Gedanken auf, die bei der Zielerreichung helfen. So gelingt es, den Weg zum Erfolg in Teilschritte zu zerlegen. Wer mehr Geld verdienen möchte, kann nun überlegen, wie er sich selbst dazu motiviert und welche Schritte zum gewünschten Ergebnis führen. Jeden Tag lesen Sie diese Sätze, Gedanken und Ziele. Nach einer Weile können Sie den Text auswendig. Die negativen Glaubenssätze verschwinden aus den eigenen Gedanken und werden durch die neuen, wertschätzenden und zielführenden Denkweisen ersetzt.

**Das Leben in die eigene Hand nehmen**

All diese Teilschritte helfen Ihnen, erfolgreich zu sein. Dabei spielt es keine Rolle, ob Sie sich beruflich selbst verwirklichen, mehr Geld verdienen oder sich im Privatleben neu orientieren möchten. Die 4C-Methode schließt alle Ebenen ein, die den individuellen Erfolg beeinflussen. Der im Vorfeld verfasste Aktionsplan hilft bei allen Schritten. Zwischendurch halten Sie Teilerfolge immer wieder schriftlich fest. Das motiviert und spornt an. Sie arbeiten kontinuierlich an Ihren Zielen, bis sich der gewünschte Erfolg einstellt. Destruktive Glaubenssätze und hinderliche Verhaltens- und Denkmuster lassen sich langfristig ablegen. Sie zweifeln nicht mehr an den eigenen Zielen und arbeiten ohne Angst vor dem Scheitern an Ihren Träumen. Führen Sie sich Ihre Ziele regelmäßig vor Augen. Wie sieht Ihr Leben zukünftig aus? Machen Sie sich klar, dass Sie genau dieses Ziel auch erreichen werden. Zweifel daran gibt es keine. Nun haben Sie den positiven Bewusstseinszustand erreicht, der Ihnen hilft, erfolgreich zu sein. Ihre Selbstwahrnehmung und Selbstpräsentation verändern sich. Die Intuition wird geschärft und Sie lernen, sich auf Ihr Bauchgefühl zu verlassen. Chancen und vielversprechende Gelegenheiten erkennen Sie auf den ersten Blick und Sie werden sie erfolgreich nutzen. Durch das veränderte Mindset ziehen Sie die Leute an, die ähnliche Ziele und Wünsche haben. Sie sind eine wertvolle Unterstützung auf dem Weg zur Zielverwirklichung.

Diese Meilensteine auf dem Weg zur Selbstverwirklichung habe ich selbst erlebt. Nach meinem Studium in London zog ich nach Wolfsburg, um bei einem Automobilhersteller zu arbeiten. In diesem Zeitraum gab es den ersten großen Wendepunkt in meinem Leben. Der Kontrast zwischen der lebendigen Metropole London und meinem Wohnort in Deutschland – einer Kleinstadt bei Wolfsburg – war riesengroß. Im Arbeitsumfeld wurde ich mit Neid und Missgunst konfrontiert. Ich habe meine Freunde und die gewohnte Umgebung vermisst. In dieser schwierigen Zeit wurde mir klar, dass jedes Erlebnis einen Grund hat. Ich habe meine eigene Stärke entdeckt.

Statt aufzugeben, habe ich mit der 4-C-Methode herausgefunden, was ich wirklich möchte. Ich habe meine innere Balance wiedergefunden und mich auf eine neue berufliche Herausforderung fokussiert und angefangen, mich selbst zu verwirklichen. So, wie ich meine Lebenswendepunkte durchlebt habe und nun gestanden im Leben stehe, so ging es den nachfolgenden Autoren dieses Buch auch. Sie können von jedem Beitrag etwas für sich gewinnen. Seien Sie mutig und gehen Sie Ihren Weg.

Ihre Charlotte de Brabandt

# Wilma Elles

Bild Wilma Elles (Fotograf: Serhan Serter)

Wilma Elles erblickte in Köln 1986 das Licht der Welt und hat vier Geschwister.

Sie studierte Schauspiel und als zweiten Studiengang an der Universität zu Köln Politikwissenschaften, Orientalistik und Theater-, Film -, und Fernsehwissenschaften.

Schon mit zehn Jahren nahm sie den ersten Schauspielunterricht und bald folgten die ersten Rollen im Theater, im Fernsehen und in Kinofilmen. Durch ihre Hauptrolle in der türkischen Serie „Öyle bir gecer zaman ki" wurde Sie in mehr als 70 Ländern bekannt. Die Serie ist auf viele Sprachen übersetzt worden und ist populär in vielen Ländern Südamerikas, Osteuropas, Nordafrikas und vielen arabischen und ostasiatischen Ländern. Desweitern hat Sie in zahlreichen Serien (Filinta, Yeter, Arka Sokaklari, Gurbette Ask, usw.) und Kinofilmen (Silvercarnation, Mendilim kekik kokuyor, Sem Duhl-Die Wiedekehr, Emicem Hospital, Laz Vampir usw. mitgespielt. Sie wurde mit über 30 Preisen als beste Schauspielerin ausgezeichnet.

Wilma Elles hat die weltweit erste Feng-Shui Fashion Kollektion designt und ist im Immobilienbereich aktiv. Auch als Model und Moderatorin begleitet Sie zahlreiche Events. Sie ist Mutter von sechsjährigen Zwillingen.

## Wie im Himmel so auf Erden

Ich kam gerade von der Schauspielschule und versuchte, mich durchzukämpfen. Zurzeit lief so ziemlich gar nichts, obwohl ich Tag und Nacht arbeitete. Oft saß ich bis 3 Uhr nachts noch an meiner Homepage oder erstellte sehr aufwendige Casting Videos, mit denen ich mit Inlineskates zu jedem einzelnen Castingagenten hinfuhr und vor Ort selbst die Castingpost in den Briefkasten einwarf. Dabei filmte mich ein Kameramann und ich schnitt das Casting Video, das perfekt auf jeden einzelnen Caster angepasst war. Gut möglich, dass die Caster sich etwas gestalkt gefühlt haben. Aber ich wollte wie bei allem, so auch dem Showreel, das gewisse Extra geben. Ich tat alles dafür eine gute Schauspielerin zu werden. In dem Alter war das Wichtigste, Erfahrungen zu sammeln. Ich probierte verschiedene Nebenjobs aus, um hinter die Fassaden einer jeden Branche schauen zu können. So arbeitete ich in einem Blumenladen, in einem Restaurant als Kellnerin, als Bürokraft, wo ich Rechnungen schrieb, in einer Sommerferienzeit arbeitete ich während drei Wochen nachts in einer Brotfabrik, ich trug Zeitungen aus und und und. Ich wollte alles lernen. Ich probierte verschiedene Sportarten wie Reiten, Tennis, Leichtathletik, Tanzen, usw. Ich sang, arbeitete an meiner Diktion und an meinen Körperbewegungen. Vor allem beobachtete ich viele Menschen über Stunden und stellte mir innerlich Fragen zu ihnen, sowie versuchte mich emotional zu entwickeln. So habe ich viele Randerfahrungen gemacht, die andere in meinem Alter noch nicht hinter sich hatten. Die meisten in meinem Freundeskreis waren älter als ich. Ich glaube ich hatte schon immer eine alte Seele. Früher ging es mir darum, gute und auch schlechte, also möglichst alle Erfahrungen zu machen. Heute bin ich davon abgekommen und konzentriere mich lieber auf gute Erlebnisse. Durch die Devise, Not macht erfinderisch, bin ich durch. Früher habe ich stets versucht emotional an meine Grenzen zu gehen und habe mich in Gefühle reingestürzt.

Logistisch wohnte ich in dieser Zeit mitten in Köln im Belgischen Viertel in einer Zweizimmerwohnung ohne Heizung. Teilweise saß ich im Winter in einem Skianzug an meinem Schreibtisch und kuschelte mich nachts in mehrere Felle. Doch es spornte mich noch mehr an und ich sagte mir jeden Tag: Durchhalten! Du musst es schaffen, Schauspielerin zu werden. Eine andere Möglichkeit gibt es nicht. Um längere Durststrecken aushalten zu können, hieß es sparen, sparen, sparen. Teilweise vermietete ich sogar mein Schlafzimmer und übernachtete selbst auf der Couch in meiner Wohnküche. Ich war nur auf Achse und drehte in ganz Deutschland Kurzfilme, hatte die ersten Fernsehrollen. Ich war immer unterwegs. Später spielte ich am Theater im Hof Kindertheaterstücke und übernahm z.B. die Rolle der Hexe in Hänsel und Gretel, oder eine Vampirin und fuchste mich so durch. Das war teils nicht so einfach. Zum Glück hatte ich die richtige Körpergröße, um nebenbei noch etwas Geld mit Modeln zu verdienen. Einen anderen Nebenjob wollte ich zu dem Zeitpunkt partout nicht mehr annehmen.

Jetzt ging es um die Wurst! Keine Zeit durfte ich mehr verlieren. Stattdessen schrieb ich lieber mit einem Freund an einem Drehbuch und half mit, einen Film zu produzieren.

Stolz war wichtig für mich. Nun war ich selbsternannte, professionelle Schauspielerin und durfte keine Nebenjobs mehr machen, die mich davon abhalten würden, meinen Hauptberuf professionell auszuführen. Bei der Strukturierung meines Tages halfen mir die Eindrücke, die ich auf meinen wochenlangen Reisen nach Los Angeles bekommen hatte. Dort arbeiteten die Schauspieler professionell „wie Beamte". Morgens früh aufstehen, gesund essen, und direkt los zum Sport oder zum Schauspieltraining. Jeden Tag muss man sich bei Castings online bewerben und anschließend zu drei bis sechs Castings am Tag fahren, dabei immer eine andere passend zur Rolle geeignete Kleidung anziehen, das Make-up perfektionieren, nett und umgänglich sein und außerordentlich gut performen. Diese Geschäftigkeit war immer sehr inspirierend und motivierend. Und obwohl ich insgesamt in Deutschland, in der Türkei und in Amerika 15 Jahre Schauspielunterricht hatte, muss ich sagen, dass ich in Los Angeles am meisten gelernt habe. Zum Glück war ich immer sehr sparsam, so dass ich für die mir wichtigen Dinge noch Geld hatte. Das hieß aber wirklich, dass ich mir in Los Angeles ein Zimmer mit vier Personen teilen musste, damit ich noch Geld für das Mietauto hatte, welches essenziell war, um die Castings, die überall und Los Angeles verteilt stattfanden, absolvieren zu können.

Ich musste mit wenig Geld auskommen. So aß ich bei Feiern so viel, dass ich am nächsten Tag nicht mehr selbst so viel Einkauf tätigen musste. Der Abgrund tat sich mir auf, als ich in Köln beobachtete, wie einer meiner Kollegen beim Theater, bei dem wir alle kaum Geld verdienten, die Stummel im Aschenbecher zusammensuchte, diese aufbrach, um den verbliebenen Minirest an Tabak rauszuklauben und eine neue Zigarette daraus zu drehen.

Das war für mich der Bruch. Nein, so durfte mein Leben auf keinen Fall aussehen! So ging es nicht weiter! Ich musste größere Schritte in kürzerer Zeit machen. Und ich fragte mich jeden Tag, was sind die zwei Schritte, die mich heute und jetzt aktiv näher an mein Ziel bringen? So entschloss ich mich zum Filmfestival nach Cannes zu fahren. Ich war mit meinem Freund im Auto unterwegs und wir hielten an einer Tankstelle. Und man glaubt es kaum, an dieser Tankstelle fand sich der Wendepunkt in meinem Leben, das zuvor durch viel Streit, Emotion, Drama und Verrücktheit geprägt war. Ständig hatte ich zuvor Streit mit meinen Eltern oder mit meinem Freund. Natürlich lag es auch an der Pubertät. Aber nun entdeckte ich das entscheidende Buch mit dem Titel „Le magnetisme personelle“. Dieses Buch hat mein Leben verändert. Ich las schon auf der Autofahrt darin und dieses Buch öffnete meine Augen. In dem Buch geht es darum, dass Tiere keinen Ferrari, keine Rolex und keine Handtasche von Hermes haben und dennoch gibt es immer einen Anführer und Hierarchien. Es gibt immer einen, auf den alle Tiere hören, nach dem sich alle Köpfe drehen. Manchmal muss man im Casting gegen 1000 Mitbewerber bestehen und herausragen: The One sein. Deswegen war das Buch der Schlüssel für mich. Denn im Leben wird vieles durch dein Verhalten, deine Reaktion auf Zustände und die Weise wie man Chancen begegnet, entschieden. Wie verhält man sich richtig?

Man muss seine Emotionen im Zaum halten, denn niemand will mit jemandem, der sich nicht kontrollieren kann und nicht ruhig kommunizieren kann, zu tun haben. Wenn man ruhig ist, funktioniert das Gehirn besser und man findet für alles die bestmögliche Lösung. Wenn man tief durchatmet, kann man

Gefahrensituationen leichter überwinden. Panik bringt niemandem etwas. Mir ist noch ein anderer sehr starker Moment in Cannes bewusst, als ich allein in eine Kirche ging und dort so innig betete, dass mir Tränen herunterliefen.

*„Lieber Gott. Ich danke dir, dass sich alle meine Mühen gelohnt haben, dass du mich erhört hast. Ich muss es einfach schaffen. Es ist mein Leben. Ich habe mir diesen Traum, Schauspielerin zu sein, der mir jede Sekunde vor Augen steht, ja nicht selbst ausgesucht. Bitte! Und ich danke dir, dass ich eine erfolgreiche Schauspielerin geworden bin."*

So sagte ich es. Als ob mein Gebet schon wahr geworden wäre.

**Und mein Gebet wurde erhört.**

Kurze Zeit später bekam ich das Angebot, eine Hauptrolle in einer türkischen Serie zu spielen. Witzigerweise studierte ich zu der Zeit noch auf den Vorschlag meiner Mutter hin Orientalistik und Islamwissenschaften in Kombination mit Politik und Theater-, Film und Fernsehwissenschaften parallel zur Schauspielschule. Wenn mich jemand fragte: „Du willst Schauspielerin werden? Du willst doch sicher nach Hollywood?" antwortete ich trotzig und gewitzt: „Nein, nein alle Schauspieler wollen in den Westen, aber ich will in den Osten. Da gibt es auch eine große Filmindustrie zum Beispiel Bollywood oder Kairo." Und plötzlich hatte ich ein Angebot aus dem Osten aus Istanbul.

Aber zunächst standen harten Castingrunden an. Das erste Casting drehte ich drei Tage lang mit ungefähr 200 Wiederholungen. Doch es hatte sich gelohnt, ich wurde erneut eingeladen. Mit meiner überzogenen Kreditkarte buchte ich einen Flug nach Istanbul für das 2. Casting der die Serie „Öyle bir gecer zaman ki" (dt.: „Wie die Zeit vergeht“). Zum Glück konnte ich mir den fünfseitigen türkischen Text merken, den ich stundenlang vorher im Kopf durchgegangen war, obwohl die Produktionsfirma diesen mir erst am Vorabend des Castings zugeschickt hatte. Freundlicherweise hatte mir ein türkischer Freund meine Zeilen auf Audio aufgesprochen, so dass ich sie mir immer wieder und wieder anhören konnte. Das Casting war magisch. Die Chemie zu meinem Mitspieler und zu der Regisseurin stimmte. Vielleicht hat es auch geholfen, dass ich vor dem Casting eine Magen-Darm-Grippe hatte und ca. 3 Kilo abgenommen hatte. Ich passte in alle Kostüme. Anschließend bekam ich endlich, nach tagelanger Spannung, den Vertrag zugeschickt. Bis zu diesem Zeitpunkt hatte ich niemandem davon erzählt. Erst, als ich den Vertrag zur Unterschrift vor mir liegen hatte, sagte ich es meinen Eltern. Mein Vater merkte an: „Hut ab!“. Die Entscheidung war gefallen. Ich unterschrieb, hatte nun eine Hauptrolle in einer türkischen Serie und schon drei Wochen später zog ich mit einem Koffer in die Metropole Istanbul um.

**Istanbul**

Immer noch ist mir die erste Nacht allein im Hotelzimmer glasklar vor Augen. Es tobte ein nie gesehenes Gewitter. Die Blitze schlugen fortwährend ein und es donnerte heftig. Ich saß auf einer Treppenstufe und sagte in meiner jugendlichen Kühnheit: „Ja, so möchte ich mit meiner Rolle einschlagen und für Furore sorgen!“. Und so kam es. Natürlich war es der Verdienst des ganzen Teams. Denn Film ist eindeutig Teamarbeit. Ich hatte solch ein Glück mit einer perfekten Produktionsfirma, einem wunderbaren Drehbuchautor, einer hervorragenden Regisseurin, einer sehr talentierten Make-up Artistin und einem kreativen Kostümdesigner und natürlich wunderbaren Mitspielern zu arbeiten. Die Serie wurde die Rekordserie aller Zeiten und lief später mit hohen

Einschaltquoten in über 70 Ländern. Auch jetzt noch viele Jahre und viele Filme und Serien später sprechen mich noch Zuschauer der Serie „Öyle bir geçer zaman ki" aus verschiedenen Ländern darauf an aus Chile, Argentinien, Russland, Israel, Aserbaidschan, Afghanistan, Marokko, Serbien usw. Die Serie ist immer noch sehr beliebt und wird weiterhin ausgestrahlt. Meine Rolle war sehr selbstsüchtig. Ich spielte die Geliebte eines Familienvaters mit vier Kindern. Caroline zerstörte die Ehe und stürzte die Exfrau und die Kinder in Armut. Ich war das Feindbild vieler Fernsehzuschauer.

Der türkische Botschafter in Washington DC hat es später mal meinem Freund bei einem Kaffeekranz schmunzelnd so beschrieben: „Wilma war jahrelang der Public Enemy Number One." Eine Gruppe von Zuschauern beantragte zu der Zeit beim Arbeitsministerium, dass mein Arbeitsvisum annulliert werden sollte, damit ich in der Serie nicht weiter die türkische Familie zerstören konnte. Ich hatte wahnsinnige Angst, auf die Straße zu gehen. Ich recherchierte völlig ungerechtfertigter Weise, wo ich messerstichfeste Westen kaufen könne, und bekam von einem damaligen Freund das Selbstverteidigungsgerät Tazer geschenkt. Beides habe ich nie benutzen müssen und ließ es auch nach wenigem Tragen zu Hause. Denn ich wurde überall sehr freundlich empfangen. Ich zog immer eine Perücke und Sonnenbrillen an und doch erkannten mich die Leute in einem vorbeifahrenden Auto. Es war verrückt. War ich so prägnant durch meine Körpergröße oder meinen Gang? Natürlich schauten mich viele Leute sehr böse von der Ferne an und tuschelten, wenn sie mich sahen. Aber dann warf ich ihnen immer mutig mein herzlichstes Lachen zu, was die Leute dazu brachte, hysterisch loszulachen und zu prusten: „Sie sind ja ganz anders!"

Von meinem Team bin ich direkt von Anfang an sehr herzlich empfangen worden und ich habe mich nie allein gefühlt. Es lag sicher auch etwas an mir. Ich liebe es, Abenteuer, etwas Neues zu erleben und mich an andere Gegebenheiten leichtfertig anzupassen. Istanbul akzeptierte ich sofort so, wie es war. Laut und pulsierend, hektisch und dynamisch, inspirierend, voller Geschichte und Herzlichkeit. Die Menschen waren alle sehr hilfsbereit in allen Angelegenheiten. Es war auch nicht wenig, was von mir gefordert war. Ich spielte eine Hauptrolle in einer türkischen Serie, die in einem horrenden Tempo gedreht wurde. Dazu auf Türkisch spielen, eine Sprache, die mir bis dato außer den Wörtern Döner und Kebap völlig unbekannt war. Der Drehalltag einer türkischen Serie kann sehr stressig sein. Vor einigen Jahren waren die Arbeitszeiten noch nicht gemäßigt, wie sie es heute sind. Heute wird so lange wie auch in Deutschland gedreht. Damals in der Türkei drehten wir manchmal 24 Stunden am Stück, meistens aber um die 16 Stunden pro Tag. Wie das Team das hinbekommen hat? Mit viel Begeisterung für ihre Arbeit und Fleiß. Die Schauspieler sind nicht an jeder einzelnen Szene beteiligt und haben deswegen mehr Ruhephasen. Man arbeitet oft nachts in Kälte und dreht zum Beispiel in dünnen Seidenpyjamas Szenen in einem eiskalten Bett, obwohl das ganze Team um einen herum in Mütze und Schal danebensteht. Alle Fenster des Drehortes sind geöffnet und die Kälte kann ungehindert eindringen, damit die dicken Stromkabel der Beleuchtung verbunden mit dem Generator das Set erreichen können. Das war teilweise sehr grenzwertig. Aber ich war stets voller Energie. Auch hat sich meine Kleiderwahl von hauptsächlich schwarz in Deutschland zu mehr Farbe verändert. Plötzlich wählte ich Pink, Rot und Orange für meine Garderobe. Vielleicht passte es mehr zu der okzidental-orientalischen Stadt oder ich hatte so einen kreativen Schwung in mir, dass ich diese Farben bevorzugte. Auch hatte sich meine Ernährung verändert. In der Türkei wird mehr Obst und

Gemüse gegessen als in Deutschland. Anstelle von Chips greift man zu Nüssen und anstelle zu Gummibärchen zu getrockneten Früchten. Dadurch war ich körperlich fitter und konnte manches Pensum gut wegstecken. An meinen freien Tagen erkundete ich die Stadt oder bereitete meine neuen Szenen vor.

Endlich war ich auch meine Geldsorgen los. Zwar floss das erste Geld erst vier Wochen nach Ausstrahlung der ersten Folge, aber danach konnte ich viel entspannter sein und war restlos glücklich. Ich konnte auf einmal so viel spielen, wie ich wollte. Ich war sehr gefordert, da ich den Text immer auf Türkisch spielen musste, wodurch ich mehr und mehr Türkisch lernte.

Natürlich gab es viele Hindernisse und mögliche Fettnäpfchen zu überwinden. Aber dank des einen Buches „Le magnetisme personelle" habe ich alles gut umschiffen und aushalten können. Ich habe dieses Buch jeden Tag und jede Sekunde mit mir herumgetragen, bis es mir nach zwei Jahren irgendwann einmal abhandengekommen ist. Aber dann habe ich es mir neu bestellt und immer, wenn es nur die leiseste Aufregung gegeben hat, habe ich einige Seiten aufgeschlagen, um darin zu lesen und meine emotionale Kontrolle wiederzuerlangen. Mittlerweile kenne ich die meisten Passagen auswendig.

Und es gibt neue Glücksbringer, die ich stets bei mir habe. Momentan ist es ein Geschenk einer israelischen Freundin. Ich weiß, dass solange ich dieses Geschenk mit mir herumtrage, in jeder Situation ich das Beste tun werde und sich auf diese Weise das bestmögliche Ergebnis aus jeder Situation herausholen lässt. Herausforderungen kann man mit einem wegweisenden Glücksbringer viel einfacher meistern.

In die Türkei zu ziehen war ein wertvoller Wendepunkt in meinem Leben. Jeder Jugendliche hat Träume und hat dann auch manchmal Schwierigkeiten, diese Träume zu verwirklichen: Ich wollte es um jeden Preis. Meine Eltern hatten mich schon mit 17 von zu Hause rausgeschmissen. Eigentlich sollte es nur eine kleine kurz andauernde Warnung an mich sein. Denn wenig später luden sie mich schon wieder ein, zurückzukommen oder wenigstens Geld zu akzeptieren, was ich dankend ablehnte. Sie wollten mir mit dieser Aktion nur zeigen, dass ich im Leben auf mich allein gestellt sein würde. „Du musst schauen, dass du kreditwürdig wirst." Sie nahmen an, dass die Schauspielerei eine brotlose Kunst sei. Ich kann meine Eltern, heute wo ich selbst Mutter bin, absolut verstehen und bin Ihnen für meine Erziehung und all die Mühe, die sie sich mit mir gemacht haben, unendlich dankbar. Ich habe die besten Eltern der Welt.

Zu dem Zeitpunkt und bis heute bin ich weiterhin der Meinung, dass Schauspielerin zu werden meine spezielle Berufung ist. Ich war davon überzeugt, dass ich mir diesen Traum nicht selbst ausgedacht hatte.

Ich argumentierte mit meinen Eltern so: „Mit der voranschreitenden Technologisierung werden immer mehr Menschen arbeitslos oder zumindest arbeiten alle weniger. Diese freigewordene Zeit muss man irgendwie nutzen und das tun die meisten Leute, indem sie Medien konsumieren." Mit dieser Aussage liege ich auch heute noch sehr richtig. Es gibt immer mehr Jobs in den Medien. Durch die vielen Plattformen gibt es eine höhere Nachfrage nach unterschiedlichen Inhalten, die produziert werden müssen. Ich habe es keine Sekunde bereut, dass ich Schauspielerin geworden bin. Dieser Beruf gibt einem so viele Möglichkeiten auch andere Tätigkeiten auszuüben und zu seinem Profil hinzuzufügen. Man eignet sich durch die Schauspielerei zum Beispiel auch für die Moderation, das Singen, das Designen von Kleidung, dem Herausgeben von anderen Produkten, usw. Es gibt Einblicke in viele Berufe, in denen man repräsentieren, verbinden oder werben muss. Es gibt unendliche Möglichkeiten, die Fähigkeiten, die man anhand der Schauspielerei entwickelt und vertieft, gewinnbringend zu nutzen. Ich bin froh, dass ich an meiner Berufung, an meinem Traum festgehalten habe.

**Against all odds.**

Jeder Jugendliche sollte an seinem Traum arbeiten. Wenn sich ein Traum jemandem ohne Zu Hilfe, ohne Einfluss von außen manifestiert, dann hat dieser Traum eine Berechtigung, man kann diesen als Wegweiser begreifen. Man kann nichts dafür. Man hat sich diese wiederholenden Gedanken nicht selbst ausgesucht. Sie sind einem mit in die Wiege gelegt worden. Die meisten Jugendlichen vollziehen ihrer Berufsfindung so eine Art „vom hässlichen Entlein zum wunderschönen Schwan“ Entwicklung. Man hat einen Traum und auch wenn es am Anfang nicht leicht ist, arbeitet man darauf hin und verwirklicht seinen Traum.

Für jeden Menschen gibt es wichtige und mehrfache Wendepunkte. Das sind Bestätigungen, dass man auf dem richtigen Weg ist. Heute befinde ich mich in einer Phase, in der ich Gewisses bereits erreicht habe. Ich bin Schauspielerin, habe zwei wunderbare Kinder und mir ein Leben, einen Standard aufgebaut. Ich will mich aber immer daran erinnern, dass ich diesen Standard noch nicht als endgültig akzeptieren will, denn sonst würde ich stillstehen und unglücklich werden. Ich will meinen Elan und meine Begeisterung nicht verlieren und mit ihnen weiterarbeiten und mich weiterentwickeln. Ich liebe diese Energie, die man hat, wenn man mit jeder einzelnen

Zelle des Körpers etwas will, wenn man für etwas pocht, betet und bereit ist, alles zu geben. Das ist das pure Leben. So versuche ich, stets neue Wendepunkte zu erreichen, mache Plänen, die sich dann Schritt für Schritt realisieren. Das können magische Wendepunkte sein aber auch hart erarbeitete.

Wendepunkte sind für mich nicht nur Momente wo man sich entscheidet von einem Weg abzugehen, den man vorher, voller Freude oder auch unglücklich gegangen ist. Am besten man nimmt die Erfahrungen dieses vergangenen Weges und addiert einen neuen Weg hinzu. Denn nichts im Leben ist umsonst. Alles ist in einer bestimmten Phase der Entwicklung. Alles muss man an den Zahn der Zeit Anpassen. Nichts ist so, wie es vor einer Sekunde noch war. Man schreitet weiter gemeinsam mit allen Menschen, die existieren. Wir alle altern gemeinsam. Das ist alles und das sind wir alle. Hiermit können wir arbeiten und behutsam mit allem, was uns umgibt, umgehen. Nichts ist so redundant, dass man etwas verwerfen könnte. Nichts ist so wertlos, dass man es jemandem vor den Kopf schlagen könnte. Behutsamkeit auf unserem Weg ist so wichtig. Das Gute ist, dass man an Punkten des Konfliktes schon weiß, dass sich alles immer weiterentwickeln wird. Hakt es irgendwo, muss man nur kurz innehalten und dann kann man wieder den richtigen Moment abpassen, an dem sich beide Parteien brauchen. Ich möchte niemals Menschen auf meinem Weg verlieren. Freundschaft bedeutet auch, dass man manchmal etwas tut, was kurzfristig dem eigenen Genuss im Wege steht oder anstrengend ist. Ich bin ausschließlich an langfristigen Beziehungen interessiert. Wendepunkte sind für mich kleine Abzweigungen die später wieder auf den Hauptweg führen.

Immer kommt alles wieder zusammen. Alles hat mit Menschen zu tun. Und wo es Menschen gibt, da menschelt es. Das darf man nicht so ernst nehmen und muss auf jeden Fall immer die Arbeit an der Sache oben anstellen. Wenn man dem „Menscheln“ nicht mit Zeit und Verständnis begegnet, dann kann man sich leicht im Drama verlieren. Meine Eltern haben mir oft geraten:

*„Unrat vorbei schwimmen lassen“.*

Und schon kommt wieder Frischwasser, mit dem man eine Menge anfangen kann. Deswegen bin ich nie nachtragend und vertraue immer darauf, auch wenn gewisse Zustände mal gewisse Pausen brauchen, dass sich alles zum Wohle entwickeln wird.

Mein Motto: **„Wie im Himmel so auf Erden“.** War mir immer sehr wichtig und erklärt auf dreierlei Art meine Sichtweise zu allem.

**„Wie im Himmel so auf Erden“** bedeutet zum einen, dass alle Gedanken (Himmel) zur Realität werden bzw. sich materialisieren (Erde).

**„Wie im Himmel so auf Erden“** bedeutet auch, dass das Universum so aufgebaut ist wie die kleinen Teilchen, die Neutronen, Protonen usw. Alles kreist und ist physikalischen Gesetzen unterworfen. Auch die Gedankenwelt unterliegt solchen Gesetzen, wie zum Beispiel „Der Letzte wird der Erste sein und der Erste wird der Letzte sein“.

„**Wie im Himmel so auf Erden**“ ist auch meine persönliche Grundhaltung. Man sollte immer versuchen, das Paradies auf Erden herzustellen und alles so schön wie möglich zu gestalten und wertzuschätzen.

Ihre Wilma Elles

# Ulrich Esenwein

Bild Ulrich Esenwein (Fotograf: Eigenbild)

Ulrich Esenwein, Jahrgang 1961, war bis zu einer Mitte Oktober 2014 im Rahmen einer Herz-Operation hervorgerufenen schweren Erkrankung nahezu 25 Jahre teilweise in zentraler Funktion für die Staatskanzlei Baden-Württemberg tätig und wurde im September 2016 in den Ruhestand versetzt.

Das entsprechende Martyrium, die Ereignisse während seiner langen Krankheitsphase und insbesondere die Pflege-Missstände an zwei Kliniken in Stuttgart und Karlsbad hat er in seinem Debüt-Krimi „Schwesterchen, komm stirb für mich – der erste Fall für Sonderermittlerin Katrin Krauß" beschrieben.

„Schwesterchen, komm stirb für mich" erschien im Verlag Pro business im Oktober 2016.

Nach weiteren vier Krimis – die sich alle um die Ermittlungen der Kommissarin Katrin Krauß drehten – hat Ulrich Esenwein mit dem Märchen „Das Wundmal" im Herbst 2019 das Genre gewechselt und erstmals eine Art Fantasy-Geschichte verfasst, die vor ein paar Jahrhunderten nahe der Stadt Bad Wildbad spielt.

Mit dem Anfang 2020 von der Westarp Verlagsgesellschaft mbH veröffentlichten Roman „Die Verwandlung des Engels!" unternahm der Autor den Versuch, das Böse, aber auch das Positive im Leben eines Menschen zu beschreiben und dessen Wandlungsfähigkeit vom vermeintlichen Stalker und damit tatverdächtigen Bösewicht zum Freund, Vertrauten und Geliebten in den Blick zu rücken.

Der Roman spielte – als erstes der Werke von Ulrich Esenwein – im Münchner Westen und betrat räumlich wie sachlich gesehen Neuland. Der darauf aufbauende Roman „Das Glück des Engels" vervollständigte nach „Die Hoffnung des Engels!" die vom Autor geplante Romantrilogie und führte die äußerst erotische Liebesgeschichte von Boris Engel und Simone Hertel fort. Das Werk schildert den gemeinsamen weiteren Weg des Paares hin zur Heirat und in eine glückliche berufliche und private Zukunft im Westen Münchens.

Der beiden Thriller „Die Spur des Wolfs" und „Die Rache des Wolfs" aus 2021 und 2022 markieren insoweit eine Wende im Werk des Autors, indem sie sich nicht auf die Themen Liebe, Glück, Zweisamkeit und Ehe konzentrieren, sondern einen Serienmörder und dessen Taten über viele Jahre hinweg verfolgen und gleichzeitig das unfassbar Böse und Motive wie Hass, Rache und Mordlust in den Mittelpunkt rücken. Auch spielen beide Thriller wieder in der Region Stuttgart und nicht mehr in München.

Auch Ulrich Esenwein hat im Laufe seines Lebens von 1982 bis 2009 in der Region Stuttgart gelebt und gearbeitet. Seine letzten Werke bzw. Thriller rund um den „Wolf“ geben seine Eindrücke, Erlebnisse und Erinnerungen aus dieser Zeit wieder.

## Alles reine Kopfsache

*„Wie ein Dachschaden mein Leben auf den Kopf stellte und wie ich danach wieder auf die Füße kam!“*

Die Initiative „Wendepunkte“ von Peter Buchenau gibt mir die Möglichkeit, einen entscheidenden wie einschneidenden Wandel in meinem beruflich und privat erfolgreichen Leben zu beschreiben, inklusiver seiner negativen Auswirkungen und positiven Aspekte, die ich daraus gewinnen konnte. Ich tue dies gern, um den Wendepunkt in meinem Leben nochmals gründlich zu verarbeiten. Außerdem möchte ich anderen Menschen damit aufzeigen, wie sie sich mit Kreativität – in Form von Literatur, Kunst oder auch Musik – aus einer Lebenskrise oder gar Depression befreien und neue Erfüllung in einem selbst verfassten „Werk“ finden können.

Zur Erläuterung, bzw. der Vorgeschichte, ist zu sagen, dass ich 1961 geboren wurde. Mein Vater war bei meiner Geburt nahezu 50 Jahre alt, meine Mutter schon über 40. Schon als Kleinkind wurde bei mir ein Nierenschaden diagnostiziert, was dazu führte, dass ich im Alter von 13 Jahren die rechte Niere wegen eines rund vier Zentimeter großen Nierenbeckensteins verlor.

Parallel wurde ein Schaden an der Aortenklappe festgestellt. Das führte dazu, dass diese wegen starker Verkalkung im Sommer 1994 in München gegen eine mechanische Klappe ausgetauscht wurde. Eigentlich sollte sie lebenslang leistungsfähig sein, aber im Januar 2014 verstopfte sie erneut. Das war der Auftakt zu einer Serie von mehreren Herzoperationen in einer Klinik in Stuttgart im Jahr 2014.

Die nachfolgende Story skizziert den vielleicht tragischsten Wendepunkt in meinem Leben. Dabei geht es um die letzte und im Gesamtergebnis erfolgreich durchgeführte Herzoperation mit Austausch der verstopften Aortenklappe am 15. Oktober 2014 in der Stuttgarter Klinik. Sie führte aufgrund einer bakteriellen Infektion und einer vermutlichen Fehlfunktion der Herz-Lungen-Maschine zu einem sogenannten Capsula-Interna-Infarkt.

Noch auf der Intensivstation erlitt ich also nach der Operation einen relativ heftigen Schlaganfall im Stammhirn. Direkt nach der Herzoperation und wegen meines daraus resultierenden schwachen Zustands erschien er den Chirurgen und Neurologen in der Klinik nicht operabel. Er führte vielmehr zur sofortigen halbseitigen Lähmung meiner linken Körperhälfte. Sie wurde in zahlreichen stationären Rehas im Nordschwarzwald behandelt, sowie bis heute wöchentlich ambulant von Physio- und Ergotherapeuten.

Aufgrund der nach wie vor gegebenen Lähmung und Funktionsunfähigkeit des linken Arms bin ich ein Pflegefall der Pflegestufe 2. Ich benötige Hilfe beim Anziehen, Duschen und Essen und darf wegen des mit Schlaganfällen einhergehenden Neglects, sprich einer linksseitigen Wahrnehmungsstörung, auch kein Kraftfahrzeug führen. Meine Ehefrau pflegt und versorgt mich daher 24 Stunden am Tag an sieben Tagen pro Woche. Sie kocht, hilft mir bei der Körperpflege, erledigt alle Einkäufe und chauffiert mich zu vielen Arzt-, Behörden- und Therapieterminen. Andererseits bin ich seit Februar 2015 nicht mehr auf den Rollstuhl angewiesen, sondern in der Lage, mich auf der Ebene mit einem Gehstock fortzubewegen und auch kleinere Stufen oder Treppen mit Hilfe des Geländers zu überwinden. Ferner wurden in einer ersten wirkungsvollen und daher richtigen fast viermonatigen Reha in einem neurologischen Rehabilitationszentrum im Nordschwarzwald anfängliche Sprachstörungen in der Logopädie ausgemerzt, erste Depressionen verarbeitet und das Gedächtnis bzw. die allgemeinen kognitiven Fähigkeiten trainiert und aufgebaut, die glücklicherweise ebenso wie die Sehkraft nicht geschädigt waren.

Darauf aufbauend habe ich auf Anraten meiner Frau und meiner Ergotherapeutin nach meiner krankheitsbedingten Pensionierung im September 2016 durch Winfried Kretschmann, den damaligen und auch jetzigen Ministerpräsidenten des Landes Baden-Württemberg, begonnen, Krimis zu schreiben. Damit verarbeite ich primär meine Gefühle und Erinnerungen an die Klinikaufenthalte und beweise mir und auch anderen, dass man trotz körperlicher Gebrechen und Schmerzen fähig ist, produktiv zu sein und etwas Kreatives, Bleibendes zu schaffen.

Das erste Werk hieß „Schwesterchen, komm stirb für mich!“ und spiegelte meinen Hass und meine Wut auf das ärztliche und pflegerische Personal der beiden Erstversorgungskliniken in Stuttgart und Karlsbad wider, die mich nach meinem Empfinden verpfuscht und misshandelt hatten. Diesem Werk folgten vier weitere Krimis, ein Märchen, eine Liebesromantrilogie und zuletzt zwei Thriller um einen Serienmörder, wobei Handlungen und maßgebliche Personen der Romane immer fiktiv, aber zugleich an meine Erinnerungen oder Erlebnisse angelehnt waren und sind.

**Der 15. Oktober 2014**

Der Tag war nach meiner Erinnerung trotz der Halbhöhenlage der Klinik für die Jahreszeit Herbst immer noch zu warm. Noch an den Vortagen hatte ich Krankenschwestern beobachtet, die – gewandet in knappe Dirndl – zum Cannstatter Volksfest zogen, der Stuttgarter Version des Oktoberfests. Auch hatte ich teils allein, teils mit meiner Frau Renate kleinere Spaziergänge im Garten der Klinik sowie zu einem Aussichtslokal in der Nähe unternommen, ein paar Weizenbier getrunken und verbotenerweise doch einige Zigaretten für meine schwarze Seele geraucht, mehrfach auch mit der damaligen Anästhesistin, die mich während der Entfernung eines bakteriell verseuchten Herzschrittmachers betreute.

Mehr oder minder wochenlang vor dem nun geplanten letzten Eingriff hatte ich zuvor Penizillin, sonstige Antibiotikapräparate und Heparin zur Blutverdünnung intravenös zur Vorbereitung der entscheidenden jetzigen Aortenklappen-Operation erhalten. Eine aus Rumänien stammende Schwester kommentierte das hämisch mit dem Satz „Jetzt läuft der wieder mit seinem Ständer rum!“. Gemeint war die fahr- oder rollbare Infusionshalterung. Der Protest ob dieser zweideutigen Bemerkung kam indes von mir und das zu Recht.

Ich war 53, trotz der bereits 1994 ausgetauschten Aortenklappe recht fit, hatte in meiner Jugend lange aktiv Fußball und Tischtennis gespielt, den heimischen Garten mit Rasenmäher und Motorkettensäge gepflegt und das Autofahren, Zigarillos, laute Heavy-Metal-Konzerte und leidenschaftlichen Sex geliebt.

All das war jetzt verboten oder nicht mehr möglich, was eine tiefe Depression in mir auslöste, die bis Weihnachten anhielt. Zu dieser Zeit bezeichnete mich Michael B., der Ergotherapeut in der ersten richtigen Reha, daher als „Alien aus einer anderen Welt“.

Schon in den Stunden und Tagen nach der OP bzw. im Delirium träumte ich von riesigen unterirdischen Baustellen, in denen ich umherirrte, von stundenlangen Boxkämpfen oder Irrfahrten mit einem Bus durch Stuttgart und Bad Cannstatt, wo meine Frau gearbeitet hatte. Oder auch von großen schwarzen Pflegern mit ebensolchen Geschlechtsteilen, die türkischstämmige Besucherinnen heimlich und heftig in der Intensivstation vernaschten.

Traurige Realität war indes, dass ich die vom Pflegepersonal angebrachte Sauerstoffmaske und Kanüle in der Armbeuge immer wieder abriss, was eine griechische Krankenschwester und ihren russischen Kollegen so sehr erzürnte, dass sie mir die rechte Unterarmvene gewaltsam öffneten, um eine neue Dauerkanüle zu fixieren.

Dass dies an Körperverletzung grenzte, interessierte selbst die Ärzte kaum. Überhaupt war ich ja über denkbare negative Folgen der OP wie Schlaganfall, Herzinfarkt oder Tod aufgeklärt worden und hatte trotzdem in die OP eingewilligt. Da ich aber der (noch) lebende Beweis gewesen wäre, was passieren konnte, wenn die OP des als renommiert geltenden Chefarztes Prof Dr. F. schief ging, veranlasste der, dass ich rasch in eine externe, 6-wöchige Frühreha verlegt wurde, obwohl „seine“ Klinik über eine neue eigene „Stroke-unit“ zum Aufbau von Patienten wie mir verfügte.

**Die Frühreha in Karlsbad im Spätherbst 2014**

Tragisch war, dass diese Frühreha zwar in einer neurologischen Station einer Klinik stattfand, Ärzte wie Pflegepersonal mit meinem Krankheitsbild aber nicht umgehen konnten und ich Tage, Nächte und Behandlungen nur mit starken Schmerzmitteln überstand.

Da half auch der „Versöhnungsversuch“ des ansonsten zwar groben, aber immerhin hilfsbereiten Pflegers Oliver W. in Form eines alkoholfreien Biers nichts, zumal genau dieser Typ mich zuvor der Misshandlung einer seiner Kolleginnen bezichtigt hatte, obwohl ich – rein körperlich und von der Kraft betrachtet – nie und nimmer dazu in der Lage gewesen wäre.

Derselbe Pfleger legte übrigens meiner Frau, die für mich die wichtigste Stütze, Ratgeberin und Wärmequelle in dieser schwierigen Zeit war, eindeutig nahe, nicht zu lange bei mir in der Klinik zu verbringen, sondern nach Hause zu fahren und sich dort vom Stress zu erholen.

Übertroffen in seiner Schroffheit, Unverständnis und fehlendem Einfühlungsvermögen wurde er nur von seinen jüngeren weiblichen Kolleginnen. Meiner Einschätzung nach ähnelten sie eher Dominas, bösen Hexen und bissigen Kampfhunden als liebevollen Schwestern.

Auch wegen ihrer Be- oder besser Misshandlung überlegte ich in der Frühreha, es einem Mitpatienten gleich zu tun, den Rollstuhl auseinander zu bauen und die Einzelteile den Schwestern an den Kopf zu werfen oder mich mitsamt Rollstuhl vom Balkon zu stürzen, was ich beides ob der Liebe zu meiner Frau, die mich täglich besuchte und rührend ver- und umsorgte, aber schnell wieder verwarf.

Gerne bestätigte ich daher der Stationsleitung bei meinem Abschied aus der Frühreha, dass die männlichen Pfleger weitaus einfühlsamer als ihre weiblichen Kolleginnen gewesen waren, was großes Erstaunen und Unverständnis hervorrief. Ob dies damals oder zwischenzeitlich zu einer Verhaltensänderung beim Pflegepersonal führte, bleibt offen.

Mehr als ein Lichtblick war daher der tägliche Besuch meiner Frau, die mich nicht nur mit ihrer Liebe, Aufmunterung und Anwesenheit erfreute, sondern mich auch mit der notwendigen Wäsche versorgte. Zu unserer beider Missfallen war ich wegen der permanenten Muskelschmerzen und Schmerzmittelgabe aber oft zu müde und schwach, um während eines längeren Besuchs präsent und wach zu bleiben, weshalb meine Frau entschied, ab und zu im Schwesternwohnheim der Klinik zu übernachten.

Besser als die Pflege gestalteten sich in der Frühreha die Ergotherapie und die Logopädie, während die Physiotherapie eher schwierig für alle Beteiligten, vor allem mich, war und sich auf den Transport und den Transfer auf die Behandlungsliege bzw. ins Bett konzentrierte. Erste Gehversuche mit zwei Physiotherapeutinnen und einem Geländer als dritte Stütze verliefen kläglich. Beiden Physiotherapeutinnen ist insoweit nur positiv zu bescheinigen, dass sie mich kurz vor Weihnachten auf einen Kaffee in ihre Kantine einluden. Besser waren da schon die Ergotherapeutin und Logopädin, die sich über ihre Aufgaben hinweg bemühten, mich aufzumuntern oder zu meiner Entspannung beizutragen.

**Die richtige neurologische Reha von Dezember 2014 bis April 2015**

Ich kam als Wrack. In einem Liegendtransport. Der Pfleger Jörg G., der mich über viele Jahre hinweg hervorragend betreuen und begleiten sollte, richtete mich auf. Zunächst körperlich. In den Stand und dann in den unvermeidlichen Rollstuhl. Dann mit seiner fürsorglichen Art auch mental. Ich lernte in dieser ersten, langen Reha wieder das Laufen. Mit Gehstock. Sehr zur Verblüffung meiner Frau und auch zu meiner eigenen Überraschung.

Ich lernte neue Leute kennen und begann wieder, soziale Kontakte, Begegnungen und Gespräche zu schätzen. Ärzte, Pfleger, Schwestern, Sozialarbeiter, Kellnerinnen, Logopäden, Therapeuten, Masseure und Mitpatienten waren wichtige tägliche Ansprechpartner, die meinen Gott sei Dank nicht vollständig verlorenen Humor und meine spontanen, oft derben Sprüche und Bemerkungen schätzten oder belachten.

Ich trainierte Gedächtnis, PC-Fertigkeiten und fast alle Muskelgruppen in meinem Körper. Und ich lernte, wieder zu lachen, richtig zu atmen, Kleinigkeiten zu schätzen, mich auch an diesen zu erfreuen, zu flirten, den linken Arm ein wenig – wenn auch nur zentimeterweise – zu bewegen. Ich lernte Standfestigkeit am Stehtisch, Ausdauer im Sitzfahrrad und Kreativität in der an einen Kindergarten erinnernden Malgruppe.

Und ich lernte Zuversicht und Vertrauen. In mich. In andere. Ich erkannte, dass es schlimmere Schicksale als meines gab, ich erlangte einen Teil der kognitiven Fähigkeiten zurück. Immerhin konnte ich denken, sehen, rechnen und zumindest mit der rechten Hand am PC schreiben und Konzentrations- bzw. Reaktionsübungen durchführen.

Das reichte, um mir und meiner Frau, die mich auf meinem Weg fürsorglich begleitete und heute noch begleitet, zu beweisen, dass ich in der Lage war, einen Krimi zu schreiben, das Miteinander oder auch Gegeneinander der Akteure in Szene zu setzen, sinnvoll zu verknüpfen und logische Abläufe und Zusammenhänge zu entwickeln.

Das Schreiben wurde – neben dem Sport im TV – zu meiner neuen Leidenschaft, auch wenn ich in den Jahren vor dem Wendepunkt schon im Beruf vielfältigste Schriftstücke verfasst hatte. Dem ersten – zugegeben recht brutalen Krimi – folgten weitere, ehe meine Frau sich zuerst ein Märchen und dann eine Lovestory wünschte. Wünsche, die ich ihr gern erfüllte.

So, wie mich ein Buch erfüllte, das ich selbst allein und einhändig geschrieben hatte und das nach ein paar Wochen als fertiges Taschenbuch vor mir lag. Dass meine Frau als Künstlerin einen Großteil der Cover gestaltete, versteht sich von selbst und beweist, dass wir beide als Team unschlagbar waren, sind und hoffentlich noch viele Jahre sein werden. Auch hat sie, durch mich ans Haus gefesselt, wieder Portraits, Acrylbilder und Porzellanfliesen gezeichnet und bemalt, sich dadurch abgelenkt und verwirklicht, neu definiert und wieder neuen Sinn an unserem doch eingeschränkten Leben erlangt.

**Wieder daheim im April 2015**

Dass das Nach-Hause-Kommen nach sechs Monaten Klinik und Reha nicht einfach werden sollte, war meiner Frau und auch mir klar. In bewundernswerter Weise hatte sie während meiner Abwesenheit Bad, Dusche und WC mit Haltegriffen aufgerüstet, einen Treppenlift und ein hohes, verstellbares Boxspringbett angeschafft. Den Weg im Garten hatte sie barrierefrei ausbauen lassen und von ihr selbst gestaltete Sitzgelegenheiten als „Ruhepole“ geschaffen.

Trotz meines Verlustes der sogenannten Impulskontrolle durch den Schlaganfall und meines daher und im Übrigen schon immer ungeduldigen und manchmal unbeherrschten Wesens ist meine Frau auch in schlechten Zeiten bei mir geblieben und versorgt mich seit der leidigen Operation mit allem, was ich brauche und will und das jahrein/jahraus.

Ich habe erkannt, dass eine wahre Beziehung und Liebe auch an einem noch so als drastisch empfundenen „Wendepunkt“ nicht scheitert, sondern sich gerade „im Katastrophenfall“ bewährt und wächst, wenn beide Partner dies wollen, daran festhalten und als echtes Team agieren und sich ergänzen, wie die Kunst meiner Frau meine Bücher ergänzt. Das macht mich ruhig, zufrieden und glücklich, zuversichtlich und stark. Mental, seelisch und körperlich.

Das macht mich viel stärker als die wöchentlichen, manchmal anstrengenden und schmerzhaften Übungen im Fitness-Studio und in der Physio- oder auch Ergotherapie, die ich immer als Fortschritt und Abwechslung, aber nie als Belastung empfunden habe. Zumal ich gerade aus den Gesprächen mit beiden Therapeutinnen neue Impulse und Ideen für meine schon elf verlegten Bücher gewinnen konnte.

Ich habe erkannt, dass Kreativität, gepaart mit Logik, Zuversicht und Vertrauen, glücklich und zufrieden macht, auch wenn damit viel Aufwand und wenig Ertrag einhergehen. Ich habe so erkannt, dass Menschlichkeit wichtiger ist als Geld und Marktorientierung. Gerade in Kliniken, die den Menschen und nicht monetären Interessen dienen sollten. Und im Alltag.

Und ich habe gelernt. Gelernt, meiner Frau und anderen zu vertrauen. Geduldig und entspannt zu sein. Ich habe gelernt, auch kleine Schritte als Fortschritte zu verstehen und mich daran zu freuen, wie über meine Katze, die um meine Beine streicht, einen schönen Sonnenuntergang, den ich von meinem „Rentnerbänkle“ aus betrachte, wenn ich mal wieder ein „Kippchen“ rauche, die Blumen in unserem Garten, gute Musik, ein schönes Glas Wein oder auch ein frisch gezapftes Bier oder frisch gedrucktes Buch. Am besten meines!

**Eine weitere wichtige und letzte Erkenntnis und Anmerkung für mich und andere.**

Wir alle können als Individuum oder auch als stärkeres Doppel im Sport oder Liebespaar im Leben nicht jeden Kampf gewinnen. Und schon gar nicht können wir allein, zu zweit oder weil wir Deutsche sind, alle Sorgen der Welt beseitigen, tragen oder finanzieren.

Aber wir können jeder die eigenen Probleme bekämpfen und gar besiegen, wenn wir dies wollen und vor allem Ideen und Wege finden, wie wir „aus der Klemme rauskommen". Dazu braucht es Kraft, Stehvermögen gerade bei einer halbseitigen Lähmung, Kreativität und Optimismus.

Es braucht den Willen, alles zu überstehen und das Beste auch aus einer vermeintlichen Misere oder Depression zu machen. Nicht umsonst heißt es:

Wer etwas unbedingt will, findet auch einen Weg. Wer etwas nicht will, findet nur Gründe.

Ich wünsche allen Leserinnen und Lesern dieses Werks, dass sie ihren Weg schon gefunden haben oder bald finden mögen, ohne über unnötige Stolpersteine, sprich Fragen, Kritik oder Auseinandersetzungen, zu stolpern und dann nach Gründen zu suchen, warum etwas nicht geht und darüber den Blick für das Wesentliche, Positive im Leben zu verlieren.

Ich bin gestolpert. Mehr als gestolpert. Ich bin mehrfach gefallen. An diesem ominösen 15. Oktober 2014. Und oftmals danach. Mal tief gefallen, mal nur von der Couch auf den Teppich. Ich war ganz unten. Und ich bin immer wieder aufgestanden. Ein langjähriger Freund von mir hat mich einmal als „Kampfschwein" bezeichnet.

Doch der Kampfgeist ist es nicht allein, der dich aufstehen lässt. Es ist die helfende Hand deiner Partnerin, deiner Trainerin, deiner Therapeutin, eines Arztes oder eines Nachbarn.

Und neben dem Kampfgeist und dem Willen braucht es – wie die Bibel es schon seit Jahrhunderten beschreibt – Glaube, Liebe, Hoffnung. Jeden Tag und immer aufs Neue!

Ich hätte an diesem so blöden 15. Oktober 2014 sterben können. Heute lasse ich andere sterben. In meinen Büchern. Fiktiv. Das sind für mich Lehren und Perspektiven und daher positive Erkenntnisse aus meinem tragischen und doch in der Rückwärtsbetrachtung als glimpflich zu bezeichnenden „Wendepunkt".

Ihr Ulrich Esenwein

## Nadine Leßmeister

Bild Nadine Leßmeister (Fotograf: Jan-Rasmus Lippels)

**Nadine Leßmeister** wird von Familie und Freunden vor allem als eines beschrieben: humorvoll! Von frühster Kindheit an nutzte sie auf Familienfeiern jede Gelegenheit, um Witze und Lieder von Otto, Hape Kerkeling und Helge Schneider zum Besten zu geben. Während des Studiums konnte sie dann im Stadtmagazin ihrer Heimat Göttingen in eigenen unterhaltsamen Kolumnen ihrem Hang zum Humor freien Lauf lassen. Ihre Liebe zum Wasser zog die diplomierte Publizistin und Kommunikationswissenschaftlerin in den Norden, wo sie zunächst als Redakteurin Fuß in einem renommierten Hamburger Verlag fasste, in dem sie für verschiedene Publikationen schrieb und später zum Theater in ihren Lieblingsbereich, der humorvollen Unterhaltung wechselte. Zum Wohle aller füllte sie ihre Leitungsposition aber nur außerhalb des

Scheinwerferlichts mit Liebe und Lustigkeit. Nach der Geburt ihres Sohnes tauschte sie die Comedy wieder gegen die Texterei, mit der sie sich 2019 selbständig machte. Zusätzlich übernahm sie als Managerin für diverse Künstler das Booking, mit dem sie nun ihre Passionen perfekt miteinander vereinen kann. Aktuell arbeitet sie an einigen Kinderbüchern, die hoffentlich bald kleine Kinderherzen glücklich machen.

**Kontakt:** www.text-meister.de

## Wenn du nichts änderst, ändert sich nichts!

### Ohne mich geht's halt nicht!

***„Wenn der Körper zwickt, hat die Seele schon zweimal geklingelt.“*** *(Bruno Erni)*

Es war Oktober 2016, als ich auf dem Weg zur Arbeit im Auto saß und plötzlich die Straße vor mir verschwamm. Mir wurde schlecht, mein Ohr fühlte sich an, als hätte jemand eine Packung Wattestäbchen in Gänze darin versenkt, und ein ausgesprochen unangenehmer Fiepton breitete sich aus in meinem Kopf.

Ich hielt am Straßenrand und öffnete das Fenster. Aber die frische Luft half nicht. Mein Körper hatte die Reißleine gezogen und auf die Vorfälle der letzten Monate, oder eigentlich Jahre, mit einem sehr lauten „STOP – bis hierhin und nicht weiter!“ reagiert.

Als die Sehstörungen etwas nachließen, fuhr ich vorsichtig zurück nach Hause und meldete mich krank. Dabei war das das Letzte, was ich wollte, mit dem Wissen, was dann im Job wieder los sein würde. Das war das Einzige, was wirklich sicher war wie das Amen in der Kirche: eine Gruppe von Menschen, die sich einerseits selbst aufrieben, aber bevorzugt über andere austauschten. Eine Tretmühle der Negativität, in die ich mich irgendwann nahtlos eingefügt hatte. Ich merkte, wie leid ich das alles war. Als hochsensibler und extrem gerechtigkeitsliebender Mensch jeden Tag in einer toxischen Umgebung zu sitzen, mit „Kollegen“, die jederzeit bereit waren, dem anderen eine Grube zu graben, nur um die eigene Haut zu retten oder vor der heiligen Obrigkeit zu brillieren, um auf jeden Fall besser dazustehen. Egal um welchen Preis! Das Ernten fremder Lorbeeren und schmücken mit fremden Federn war zum Volkssport geworden. Ich erinnere mich nicht mehr an den genauen Zeitpunkt, wann aus dem „Wir sind doch alle eine große Familie“ das Gegenteil wurde. Nach außen wurde der Schein natürlich aufrechterhalten. Aber hinter verschlossenen Türen wartete Hades mitsamt seiner Moiren und einer gewetzten Schere auf die nächste Seele. Erinnern Sie sich an Walt Disneys „Hercules“? Hades mit flammendem Haar in Verhandlung mit den Moiren, wovon sich eine die Spinne am Faden wieder in die Nase zieht. Ein sehr passendes Bild.

Viel zu lange war ich der festen, aber ausgesprochen fehlerhaften Überzeugung gewesen, dass ich durch meine 24-stündige Anwesenheit und Erreichbarkeit, mein unerschütterliches und aufopferndes Arbeitspensum von 50 bis 70 Stunden pro Woche und meine überschäumende Kreativität absolut und zu 100 Prozent unersetzbar sei.

Und so hatte ich über all die Jahre stetig und konsequent mein Privatleben auf null reduziert. Hochzeiten, Geburtstage, Beerdigungen: „Sorry, ich hab keine Zeit, ich muss arbeiten!"

Ich war sicher, dass man mir nach meinem Ausscheiden oder Ableben für meinen unermüdlichen Einsatz eine goldene Statue errichten würde.

In Wahrheit, doch diese stellt sich oft erst am bitteren Ende heraus, war ich von einer heiligen Gedenkstätte ungefähr so weit entfernt wie von der Verleihung des Bundesverdienstkreuzes.

**Den richtigen Zeitpunkt gibt es nicht!**

Wie konnte ich es so weit kommen lassen?

Zeitsprung zurück zum Mai 2013. Der Frühling zeigte sich von seiner besten Seite. Ich saß vor meinem Lieblingscafé in der Osterstraße, die Vögel zwitscherten fröhlich – vielleicht hatten sie auch eine eheliche Auseinandersetzung, so ganz genau weiß man das ja eigentlich nie. Die Frühlingssonne wärmte mein Gesicht. Eine Mutter rannte hektischen Schrittes mit einem leeren Kinderwagen an mir vorbei. Ich fragte mich zum wiederholten Mal, warum einige Menschen zu den unterschiedlichsten Tageszeiten mit einem leeren Kinderwagen durch die Gegend hetzen. Es erschien mir skurril und ergab einfach keinen Sinn.

Ich wandte mich wieder meinem Kaffee zu und plante meinen Urlaub. Eine Woche Mallorca. Alleine.

Zeit, um gedanklich mal durch das Buch meines bisherigen Lebens zu blättern und zu reflektieren: „37, Single und massiv überarbeitet. Ist es das jetzt gewesen? Kommt da noch was? Will ich dieses

Arbeitspensum ewig so durchhalten?“ Eine 50-bis-70-Stundenwoche war inzwischen selbstverständlich geworden und auch, dass ich teilweise über Wochen ohne einen freien Tag durchgearbeitet hatte.

„Was ist eigentlich mit Kindern? Wann ist dafür der richtige Zeitpunkt? Und woher nehmen, wenn nicht stehlen? War für ein Kind Platz in meinem hektischen Leben?“

Einige Tage später lag ich in Port d'Andratx auf der Terrasse eines wundervollen Appartements einer lieben Bekannten und genoss entspannt den Blick aufs Meer. Obwohl ich in der Woche ja eigentlich das Alleinsein mit meinen erholungsbedürftigen Gehirnzellen effektiv nutzen wollte, nahm ich im Lauf der Woche die Einladung der Hausbewohner zur Grillparty auf der Dachterrasse an. Allein rumliegen war irgendwie doch langweilig – und so folgte am nächsten Abend ein Ausflug zum Italiener unten im Hafen mit ein paar netten Leuten. Keine anderthalb Monate später stand einer von ihnen mit gepackten Koffern vor meiner Tür in Hamburg. Und war gekommen, um zu bleiben.

So schnell können sich Lebensumstände verändern.

Knapp anderthalb Jahre später verstand auch ich, warum Menschen mit leeren Kinderwagen durch die Straßen rennen: nämlich dann, wenn sie ihr Kind in der Kita abgegeben haben und zur Arbeit eilen.

Als ich im Sommer 2014 meine Schwangerschaft einerseits freudig, andererseits ängstlich dem Büro mitteilte, hatte ich zwar keine Jubelstürme erwartet, aber auch nicht den Satz: „Siehst du, man muss nur lang genug warten, dann schwimmen die Leichen deiner Feinde im Fluss an Dir vorbei.“

Wow!

Da mein Bauchgefühl ausgesprochen zuverlässig ist, war mir umgehend klar, was mich nach meiner mir „eigentlich" gesetzlich zustehenden Elternzeit ungefähr erwarten würde.

So arbeitete ich pflichtbewusst bis zum letztmöglichen Tag – vor allem mehr als man als Schwangere sollte, um bloß nicht meinen geliebten Job aufs Spiel zu setzen. Denn viel zu laut brüllte mir meine Angst regelmäßig folgende Ansagen entgegen: „Und – wie stellst du dir das jetzt vor, wer hier die Abend- und Wochenenddienste übernehmen soll?", „Du bist NUR schwanger und nicht krank!", „Ich würde mir das gut überlegen, ob ich jetzt hier einen auf ‚darf ich rein gesetzlich nicht' machen würde, wenn du deine Leitungsposition behalten willst ...". Eingeschüchtert ging ich viel zu weit über meine Grenzen. Zeitgleich bombardierte ich mich mit Selbstvorwürfen. Zu Recht, wie sich zeigen sollte, als mein Sohn einige Wochen zu früh per Kaiserschnitt auf die Welt geholt werden musste.

Rückblickend war ich extrem bescheuert: Schonte mich auch in der Elternzeit nicht, beantwortete nach wie vor E-Mails und war für Notfälle selbstverständlich erreichbar. Ich war ja schließlich unersetzbar! Das erdachte Denkmal wuchs.

Nach einem Jahr kehrte ich zurück. Keine goldene Statue. Stattdessen war mir bereits während meiner Elternzeit meine Leitungsposition entzogen und ich unserem ehemaligen Auszubildenden untergeordnet worden. Vor diese vollendete Tatsache wurde ich mit dem dezenten Hinweis gestellt, dass ich ja jetzt leider nur noch eine unbrauchbare Mutter sei.

***„Früher sagte man: Der frühe Vogel fängt den Wurm. Heute weiß man: Die zweite Maus frisst den Käse." (Erling Persson)***

Nach einem halben Jahr erfolglosen Kampfes meinerseits, meine Position zurückzubekommen und den täglichen Beweis zu erbringen, dass ich mit der Geburt meines Kindes nicht mein Gehirn abgegeben hatte, sendete meine Seele meinem Körper also im Oktober 2016 auf dem Weg zur Arbeit am Steuer meines Autos die Meldung: „EXIT – der Notausstieg befindet sich auf der linken Seite“.

Der Krankmeldung folgte eine weitere. Und weitere. Vom körperlichen Zustand nach anderthalb Jahren Schlafentzug durch Baby füttern, Baby rumtragen und Windeln wechseln mal ganz abgesehen, war ich insbesondere emotional in der Form eines Einzellers. Die Zeit glich einem Wechselbad der Gefühle. Einerseits Überforderung, Wut, Machtlosigkeit, Trauer. Und gleichzeitig Dankbarkeit sowie die unendlich tiefe Liebe für dieses kleine Wesen. Vermutlich kennen einige Mütter diese Achterbahn der Gefühle. Bei mir kamen ungünstiger Weise toxische Menschen hinzu, die mir das Leben zusätzlich erschwerten.

Mit einem Kleinkind aus dem Job gekegelt zu werden, war wie ein Sechser im Lotto, den du gewonnen hättest, hättest du den Spielschein auch wirklich abgegeben.

Meine Gedanken kreisten bevorzugt um das Wort „hätte“.

Ich fragte mich, wann und wo genau ich an welcher großen Kreuzung falsch abgebogen war. Meine Schuldgefühle mir und vor allem meiner Familie gegenüber wuchsen mit jedem weiteren Tag. Schwermut machte sich breit, mein Humor und meine Leichtigkeit siechten dahin.

Mein Leben als krankgeschriebene Mutter war in etwa so spannend, wie frischer Farbe beim Trocknen zuzugucken. Ich war stolz, wenn es mir unbeschadet gelungen war, mir einen

Cappuccino zu machen oder frisch geduscht zu sein. Stand ständig unter Strom, um allem und jedem gerecht zu werden. Am wenigsten leider mir selbst. Ich sehnte mich nach Respekt, Wertschätzung und vielleicht einem Lob, einzig und allein dafür, dass ich es geschafft hatte, ein- und auszuatmen. Jemand, der diesen Zustand nicht selbst erlebt hat, kann das Gefühl vermutlich nicht nachvollziehen und wird möglicherweise im Umgang mit einem Menschen, der in einer Sackgasse feststeckt, überfordert sein. Empathie und Rücksichtnahme gehören nicht zu Jedermanns Kernkompetenzen. Weder beruflich noch für die Aufzucht meines über alles geliebten Kindes bekam ich den „Golden Aufopferungs-Globe“ verliehen. Ganz im Gegenteil.

Ich war froh über jeden Tag, den ich überstanden hatte. Ab und zu saß ich schon morgens auf dem Sofa und fragte mich, warum am Ende der Nerven noch so viel Tag übrig war. Natürlich machte ich mir Vorwürfe, weil ich mich verglich: Andere Mütter schaffen das doch alles auch – seit Jahrhunderten sogar – warum ist hier alles so schwer? Und wenn ich mich nicht selbst quälte, dann gab es genug andere Menschen in meinem Leben, die das freundlicherweise übernahmen. Andere Mütter zum Beispiel können besonders gnadenlos sein mit Bewertungen.

Sehr spannend waren in diesem Zusammenhang Sozialstudien auf dem Spielplatz, wenn ich mit Dinkel-Dörthe, Körner-Käthe und Bio-Birthe aneinandergeriet, weil mein Kind sich grad – bedauerlicherweise genau vor den Nasen ihrer Kinder – genüsslich bereits das zweite ungesunde Quetschie einverleibte. Bei diesem Shitstorm musste ich wie im Internet lernen, nicht alles an mich heranzulassen. Wirklich nichts ist schlimmer als der Konkurrenzkampf unter Müttern: Es gleicht einer Olympiade!

Welche Geburtstagstorte höher, bunter und origineller ist und welche Tupperdose wieder mit kreativen Kiwisternen, gesunder Bio-Gesichtswurst und selbstgeschnitzten Möhrenmännchen brilliert. Warum sagt einem das eigentlich vorher keiner, was einen erwartet, wenn man sich in dieses Paralleluniversum der Mutterschaft begibt? Wie Hyänen können sie manchmal über einen herfallen. Wer in Müttergruppen auf Facebook ist, weiß, wovon ich spreche. Scherze, ab wann das Baby sich die Cola eigentlich selbst aus dem Kühlschrank holen kann, oder ob Gin Tonic auf dem Spielplatz ein Problem ist, kommen nicht in jeder Gruppe gut an. Wobei man den Müttern zugutehalten muss, dass dauerhafter Schlafmangel in Kombination mit komischen Hormonen durchaus den Sinn für Humor trüben kann. Die hilfreichsten Ratschläge bekommt man im Übrigen von Kinderlosen. Das ist wichtig zu wissen ...

Durch diese Zeit trugen mich vor allem meine Familie, Freunde und andere Mütter, denen es vollkommen egal war, ob bei einem Spontanbesuch die Wohnung gerade aussah wie ein Wimmelbuch. Solche Freunde sind Gold wert! Von diesem Druck, die perfekte Mutter sein zu müssen, muss man sich definitiv frei machen! Keine Mutter ist wie Mary Poppins!

Ich versuchte schnellstmöglich, das Vergleichen abzustellen. Mal gelang es mir besser, mal schlechter. Auch heute noch. Allerdings kann ich nach wie vor oft nicht nachvollziehen, warum Frauen sich nicht viel mehr gegenseitig unterstützen, statt Gift zu versprühen. Sowohl beruflich als auch privat.

Wenn ich damals etwas definitiv gelernt habe, dann ist es, niemals über jemanden zu urteilen, in dessen Schuhen ich nicht selbst gelaufen bin.

*„Wer keine Fehler macht, der macht auch keinen Fortschritt“. (Maxwell)*

Eine weitere wesentliche Erkenntnis für mich war: Wenn jemand ein Problem mit mir hat, ist das seins – nicht meins! Ändere also niemals dich, damit du gemocht wirst, sondern sei wie du bist, damit die richtigen Menschen in dein Leben kommen! Du kannst niemals die anderen Menschen ändern, lediglich deine Einstellung zu ihnen.

Es war dringend nötig, hinter die Kulissen zu schauen. Zu reflektieren, warum ich so aus der Bahn geworfen wurde und warum die ein oder andere Thematik mich dermaßen triggerte. Meistens sind andere Menschen nicht einfach nur widerlich zu dir, weil sie bereits mit einem schlechten Charakter auf die Welt gekommen sind (wobei auch solche Menschen ganz gewiss existieren), sondern: weil du es zulässt und es ihnen erlaubst. Ich zum Beispiel lieferte damit Narzissten einen sehr fruchtbaren Nährboden in meinem Leben. Indem ich selbst nicht genug auf mich achtete. Sie spiegeln dir dein eigenes Resonanzfeld, wenn du ausstrahlst, dass du es nicht wert bist, besser behandelt zu werden. Ich sag es jetzt einfach mal deutlich: Wenn du Scheiße ausstrahlst, kommt Scheiße zu dir zurück. Mehr als offensichtlich war es an der Zeit, daran etwas zu ändern. Eine liebe Kollegin hat mir damals gebetsmühlenartig gepredigt: „Du machst deinen Job super, aber hör auf, dich hier kaputt zu machen – es dankt dir doch am Ende sowieso niemand!“ Wie recht sie damit hatte. Wohingegen andere Kollegen eher nach dem Motto lebten: „Wenn jeder an sich denkt, ist doch an alle gedacht – das reicht doch!“

In der Zeit daheim trauerte ich wehmütig lange meinem alten Job nach – selbstverständlich trage ich aus dieser Zeit auch viele schöne

Erinnerungen in meinem Herzen. Immerhin – die Position wurde inzwischen auf vier Leute aufgeteilt. Auch eine Art von Bestätigung.

***„Wir leben zu sehr in der Vergangenheit, haben Angst vor der Zukunft und vergessen dabei völlig, die Gegenwart zu genießen.“***
*(Jack London)*

Nachdem mein Arbeitgeber und ich uns schlussendlich voneinander getrennt hatten, musste ich mich dringend meiner Zukunft widmen. Umschulung zur Hundetrainerin, Eröffnung meines immer erträumten Pfötchenhotels oder doch zurück zur Arbeit mit Buchstaben?

Da stand ich also. In der Schlange beim Arbeitsamt. Gruselig. Insbesondere dort hatte ich doch niemals stehen wollen. Ich trat vor zum Tresen, gab meine Daten an und wurde in den Wartebereich geschickt. Setzte mich, schaute wie ein ängstliches Reh rechts und links, dass mich bloß niemand sehen konnte, und versteckte mich hinter einer Zeitung. Ich erinnere mich noch daran, auch meine Sonnenbrille bis zur letzten Sekunde aufbehalten zu haben. Arbeitssuchend. Und das ich. Puh.

Glücklicherweise war meine Beraterin unfassbar empathisch, was mir das Gespräch ein bisschen leichter machte. Ausgesprochen aufmerksam reichte sie mir in regelmäßigen Abständen ein neues Taschentuch.

Sie machte ihren Job wirklich gut. Hörte sich alles geduldig an und fragte mich irgendwann – mir ein weiteres Taschentuch reichend – warum ich mich eigentlich nicht selbständig machen würde. Dieser Gedanke war mir bis dahin ausgesprochen fremd gewesen. Ja, ich hatte es sicher mal kurz in Erwägung gezogen, aber auch ebenso schnell wieder verworfen. Aber sie blieb hartnäckig und versicherte mir, dass ich mit diesem tollen Lebenslauf die besten Chancen hätte, eine Selbständigkeit locker zu stemmen.

Ich verließ das Gebäude und stand erstmal vor einem großen schwarzen Nichts. Aber: Am Rande des Wahnsinns hat man die beste Aussicht!

Es dauerte eine Weile, bis ich es geschafft hatte, mich am eigenen Schopf wieder aus dem Sumpf herauszuziehen. Wenn dir plötzlich der Boden unter den Füßen weggezogen wird, auf dem du so lange sicher gestanden hast, dann kannst du nicht von heut auf morgen aufstehen.

**Alles braucht seine Zeit.**

Nach einiger Bedenkzeit hatten mich die Argumente der einfühlsamen Arbeitsamt-Mitarbeiterin doch überzeugt. Dass es insbesondere für die gemeinsame Zeit mit meinem Kind schöner sein würde, wenn ich selbständig wäre. Und so schenkte ich mir 2019 zu meinem Geburtstag meine Selbständigkeit als freie Texterin.

**Ändere dein Leben, bevor es dich verändert!**

***„Die Definition von Wahnsinn ist, immer wieder das Gleiche zu tun und andere Ergebnisse zu erwarten."*** *(Albert Einstein)*

Als Peter mich vor Kurzem fragte, ob ich nicht als Co-Autorin an seinem Buch „Wendepunkte" mitschreiben wollte, musste ich kurz überlegen, ob ich überhaupt diesen einen konkreten Wendepunkt benennen könnte. Denn in meinen Augen hält das Leben mehrere Wendepunkte für uns bereit. Genau genommen hast du jeden Tag die Wahl, etwas zu ändern, wenn du nicht darauf warten möchtest, dass das Leben dich zu einem Wendepunkt zwingt.

Ich musste nicht lang überlegen, denn tatsächlich träume ich seit Jahren, eigentlich sogar Jahrzehnten, davon, Bücher zu schreiben. Was könnte mir da Besseres passieren, als bei Peter als Co-Autorin zu starten?

Schon früh war ich ein Bücherwurm, konnte Stunde um Stunde in Geschichten abtauchen und liebte große Bibliotheken. Egal, wo auf der Welt – Bücherregale ziehen mich magisch an.

Auch das Schreiben hat mir schon immer große Freude bereitet. Einzig meine Grundschullehrerin – es wäre vermutlich falsch, sie als unempathisches, oft restalkoholisiertes und pädagogisch ungeschultes Wesen zu beschreiben – sorgte dafür, dass ich erst im Studium meinen Spaß am Texten wiederfand. Familie und Freunde rieten mir zwar oft dazu, dass ich was daraus machen sollte. Aber dieser eine vernichtende Satz aus frühster Kindheit saß zu tief. Ich werde nie meinen besten Aufsatz vergessen. Die spannende Story hatte in meinen neunjährigen Augen großes Potenzial. Bedauerlicherweise mochte meine Lehrerin mich einfach nicht – ich konnte mich noch so sehr anstrengen und auf den Kopf stellen. Heute weiß ich, dass sie sich selbst vermutlich am wenigsten mochte und uns Kinder als Blitzableiter dafür nutzte. Sie zog meinen Aufsatz vor der gesamten Klasse durch den Kakao und stellte mich bloß. Damit hatte sie nicht nur meine Karriere als Bestsellerautorin frühzeitig im Keim erstickt, sondern mir auch den „großartigen" Glaubenssatz implantiert: „Ich bin nicht gut genug."

Als Folge wandte ich mich der Comedy zu. Ich kannte schon früh sämtliche Witze und Lieder von Otto Walkes und Hape Kerkeling auswendig und scheute mich nicht, sie bei jeder passenden oder unpassenden Gelegenheit zum Besten zu geben. Da ich – außer bei Freunden und Verwandten – damit wenig Anklang fand und mir auch in der Theater-AG der Schule kein bühnendienliches Talent attestiert wurde, gab ich auch diesen Weg als Karriere-Idee schnell wieder auf. Aber die Liebe zur Comedy blieb. Und ich bin zutiefst dankbar, all die lustigen Menschen, die ich über Jahrzehnte im Fernsehen bewundert, imitiert und zitiert hatte, im Laufe der letzten Jahre durch meinen Job persönlich kennengelernt haben zu dürfen.

Während meines Studiums durfte ich mich unter anderem im Stadtmagazin in mehreren Kolumnen kreativ austoben und landete nach meinem Examen glücklicherweise in einem Hamburger Verlag.

Nach wundervollen zwei Jahren in dieser Redaktion folgte textlich gesehen leider eine lange Dürrezeit, die ich durch meine Entscheidung zur Selbständigkeit als freie Texterin beendete. Endlich konnte ich wieder in Pressetexten humorvoll mit Geschichten und Emotionen spielen.

Aber einen großen Traum gab es da noch in meinem Herzen, der dringend erfüllt werden wollte: Und so bedeutet diese erste Veröffentlichung als Co-Autorin einen sehr großen Wendepunkt und weiteren Schritt zur Erfüllung meines Traumes! Wenn die erste Hürde geschafft ist und die Wehen der letzten Jahre nun endlich dieses Baby auf die Welt pressen, werden bald weitere Schritte folgen! Auf die freue ich mich ganz besonders! Sie stehen für 2022 ganz oben auf meiner Glückseligkeitsliste!

**Change = Chance**

***„Wenn ich einen grünen Zweig im Herzen trage, wird sich der Singvogel darauf niederlassen.“*** *(Chinesisches Sprichwort)*

So furchtbar das Kranksein gewesen sein mag, so hat es meinem Sohn und mir doch auch etwas sehr Kostbares geschenkt: Zeit. Zeit für Heilung. Zeit für Veränderung. Zeit für das Bearbeiten von schrägen Glaubenssätzen. Zeit mit meinen Eltern und meiner Schwester. Wir konnten uns häufiger sehen als es unter normalen Umständen möglich gewesen wäre und so wertvolle Momente und Geschichten erschaffen, an die mein Sohn und ich uns immer erinnern werden. Er konnte eine sehr enge Bindung zu den wichtigsten Menschen in meinem Leben aufbauen. Den Menschen, die mir Wurzeln und Flügel schenkten. Den Menschen, die immer hinter mir standen und mich bei allen Flausen, die ich im Kopf hatte, unterstützten. Für diese geschenkte Zeit bin ich unendlich dankbar! Denn was gibt es – neben unserer Gesundheit natürlich – Wichtigeres in unserem Leben als das? Gemeinsame Zeit! Etwas, das man sich mit keinem Geld der Welt kaufen kann!

***„Bedenke: Nicht zu bekommen was man will, ist manchmal ein großer Glücksfall.“*** *(Dalai Lama)*

So gibt es immer zwei Seiten einer Medaille. Man muss einfach immer daran glauben, dass auf Schatten auch wieder Licht folgt. Ich denke, nichts passiert umsonst. Das Leben schenkt uns Lektionen, aus denen wir immer etwas Positives lernen können. Manchmal kann es eine Weile dauern bis man versteht, wofür etwas gut war. Aber irgendwann geht dir ein Licht auf, alle kleinsten Puzzleteile fügen sich ineinander und du kannst deinen Frieden damit schließen. Wenn das Universum uns eine Tür zuschlägt, erwartet uns meist sogar etwas Besseres. Die Kür ist dann nur, die neue Tür zu erkennen und auch den Mut zu haben, hindurchzugehen. Denn „Nicht alle Stürme im Leben machen Unordnung, manche räumen auch auf und sorgen für Klarheit“, wie mein lieber Freund Georg vor

Kurzem zu mir sagte. Veränderung, ob freiwillig oder unfreiwillig, bedeutet auch immer eine Chance. Erkenne und nutze sie!

Ein mexikanisches Sprichwort besagt ***„Es gibt mehr Zeit als Leben***". Und genau deswegen möchte ich mein Leben nicht mehr von äußeren Umständen bestimmen lassen. Und nicht mehr anderen Menschen die Macht geben, über mich und meine Zeit zu verfügen.

Nur du selbst kannst jeden Tag ein leeres Blatt mit einer neuen Geschichte füllen. Niemand anders schreibt das Buch deines Lebens!

Spätestens, wenn du krank wirst, ist die Zeit reif, um nach- und umzudenken. Wege entstehen, indem man sie geht – aber wo lang? Bin ich noch auf dem richtigen Pfad? Vielleicht gibt es viele Wege. Die einen härter, die anderen leichter zu bestreiten. Du fängst an, alles in Frage zu stellen und Panik macht sich breit. Aber das Einzige, was du dich wirklich fragen musst, ist, ob du bereit bist, deine Komfortzone zu verlassen und deinen zuverlässigen Anker zu lichten.

***„Ein Schiff im Hafen ist sicher, doch dafür werden Schiffe nicht gebaut."*** *(John Augustus Shedds)*

Wichtig für jede Entscheidung zu einer Veränderung im Leben ist die Akzeptanz der gegenwärtigen Situation, mit ihr ins Reine zu kommen und bereit zu sein, Verantwortung für die Konsequenzen der Veränderung zu übernehmen. Jede Entscheidung für etwas ist zugleich eine Entscheidung gegen etwas anderes. Den richtigen Zeitpunkt zu finden, ist schwierig, oft unmöglich, doch das Zögern und Aufschieben sind schlechte Optionen. Das Leben ist oft zu kurz für „irgendwann". Warte also nicht auf den richtigen Zeitpunkt! Den gibt es weder für ein Kind, noch für den Traumjob. Ich hatte mir theoretisch für beides einen adäquaten Zeitpunkt ausgesucht. Manche Dinge, die dir einen Strich durch die Rechnung machen können, wie zum Beispiel eine Pandemie, sind nicht vorhersehbar.

***„Du wirst niemals den Wind ändern können, nur deine eigenen Segel anders setzen."*** *(Aristoteles)*

Aktuell hat mir der überraschende und viel zu frühe Tod eines lieben Kollegen und Freundes erneut gezeigt, wie schnell alles vorbei sein kann. Du realisierst von einer Sekunde auf die andere, dass es für manches keine zweite Chance gibt. Unseren Kaffee, den wir zwei Jahre lang wegen Corona immer und immer wieder verschoben haben, können wir nun erst am großen Lagerfeuer zusammen trinken. Die Träume, die wir gemeinsam hatten, muss ich nun ohne ihn weiterspinnen. Aber ich hoffe, dass er mich ab und zu in meinen Träumen besuchen und für verrückte Kinderbücher inspirieren wird. Abenteuer beginnen, wo Pläne enden!

**Ich will keine goldenen Momente mehr verpassen!**

Meine Segel sind gesetzt und es kann losgehen! Auf zu einem neuen Wendepunkt! Und möge der Weg noch so steinig sein – hier schließe ich mit Goethes Worten als weisen Rat: ***„Auch aus Steinen, die einem in den Weg gelegt werden, kann man etwas Schönes bauen!"***

Ihre Nadine Leßmeister

# Marie Matthäus

Bild Marie Matthäus (Fotograf: Katja Kuhl)

Marie Matthäus ist Schauspielerin, Musicaldarstellerin, Comedian, Autorin und Schulleiterin einer Musicalschule für Kinder, Jugendliche und Erwachsene in Magdeburg. Sie wuchs auf der Insel Usedom auf einem Reiterhof auf und übernahm mit 18 Jahren den Hof als Geschäftsführerin. Zusammen mit ihrer Mutter bildete sie junge Dressur- und Springpferde aus, die Familie war in der Reitsportszene in Mecklenburg-Vorpommern sehr angesehen. Die künstlerische Ader lebte Marie schon in der Kindheit aus. Sie schrieb selbst lustige Sketche und führte sie zu jeder passenden Gelegenheit auf. Der Gesang und das Tanzen beflügelten sie und führten sie am Ende zu dem Traum, auf einer großen Bühne zu stehen und Standing Ovations zu erhalten. Sie absolvierte aber auf Wunsch der Eltern erst einmal eine Ausbildung als Bürokauffrau, machte gleichzeitig ihren Trainerschein für Pferdesport und entschied sich mit Anfang 20, nach Berlin zu gehen.

Nach drei Jahren künstlerischen Ausprobierens und um einige Erfahrungen reicher, zog sie nach Hamburg und absolvierte dort erfolgreich ein Musicalstudium. Noch während des Studiums spielte Marie in Magdeburg die ersten komödiantischen Stücke. In dieser Zeit entdeckte sie ihr Talent für und ihren Hang zur Comedy. Seit 2013 ist sie freiberufliche Künstlerin. In über 40 Produktionen spielte sie bisher auf Kleinkunstbühnen, in privaten Theatern und Kabarettbühnen, unter anderem in dem Boulevardstück „Heiße Zeiten", in dem sie mit der Ostikone Dagmar Frederic zusammenspielte. Marie ist die erste Schauspielerin, die ein festes Ensemblemitglied in dem Familienkabarett „nach Hengstmanns" in Magdeburg ist, und steht unter anderem regelmäßig mit Peter Buchenau auf den Bühnen Deutschlands. Sie ist zudem jedes Jahr in verschiedenen sozialen Projekten für Kinder und Jugendliche engagiert.

## Nach jedem Winter kommt der Frühling

***„Ich will, wenn ich alt und schrumplig bin, in den Spiegel schauen können und sagen: Ja, Du hast alles gemacht, was Du wolltest und Du hast nichts unversucht gelassen!"***
(Schriften von Nichiren Daishonin)

Viele meinen, ich wäre nicht greifbar, wäre ein Tausendsassa und müsste mich doch mal auf eine Sache konzentrieren. Dabei konzentriere ich mich auf eine Sache. Auf das, was mich erfüllt und mir Freude macht.

Doch bevor ich diesen Weg einschlagen konnte, musste ich mich erst einmal selbst kennenlernen.

**Die Jagd nach Liebe**

Als Kind wuchs ich mit dem Gefühl auf, nur geliebt zu werden, wenn ich das tat, was meine Eltern sagten. Ich sah mit an, wie sich meine acht Jahre ältere Schwester und meine Mutter in einer heftigen Auseinandersetzung trennten und drei Jahre nicht miteinander sprachen. In meiner Familie sprach man nicht viel, man arbeitete und war stets fleißig. Dabei wusste ich nie, was ich eigentlich wollte. Ich lebte mit der Angst, auch gehen zu müssen. Diese Angst manifestierte sich in meinem Leben.

Erst ein Reitunfall brachte mich zum Nachdenken. Ich spürte mit Anfang 20, dass ich nicht wusste, wer ich war, was ich wollte und wo ich mich sah. Ich wusste nur eins, dass ich es unbedingt rausfinden wollte. Ich überwarf mich mit meiner Familie und von einem Tag auf den anderen verlor ich alles. Ohne Geld und Familienrückhalt fuhr ich von der beschaulichen Insel Usedom nach Berlin. Ich suchte nach neuer Liebe und Anerkennung. Hängte mich an jedes positive Wort fremder Menschen und vertraute Leuten, die meine Gutmütigkeit und meinen inneren Schrei nach Liebe ausnutzten.

In der Zeit lernte ich einen jungen Mann kennen, der mir anbot, bei ihm zu wohnen, bis ich einen Job gefunden hätte. Ich war zu diesem Zeitpunkt nur eine hübsche Hülle. Das war wohl der Grund, warum er mich dann nach zwei Wochen ganz plötzlich auf die Straße setzte. Ich geriet in einen Schuldensumpf. Krankenkasse, Autoversicherung. Vertraute den falschen Menschen, die mich ausnutzten und sogar versuchten, sich sexuell aufzuzwingen.

Einfach Dinge zum Leben konnte ich mir nicht leisten. Ich lebte zeitweise bei Bekannten oder im Auto.

Durch einen weiteren Reitunfall musste ich ins Krankenhaus und häufte noch mehr Schulden an. Ich sollte für einen Bekannten dessen Pferde ausbilden und seine Tochter trainieren. Wir ritten in das umliegende Gelände. Auf einer Galoppstrecke überholte sie mich und ihr Pferd schlug mit den Hinterbeinen mit voller Kraft aus und traf mein Schienbein. Die Arztkosten waren immens und ich war, aufgrund fehlender Beiträge, schon lange nicht mehr krankenversichert. Mit einem Loch im Bein, starken Schmerzen und großer Verzweiflung im Herzen versuchte ich, meinen Weg zu finden. Der Vater des Mädchens wollte, dass ich mit ihm schlafe. Er erpresste mich. Entweder würde ich tun, was er sagte, oder er würde mich aus der von ihm zur Verfügung gestellten Gästewohnung schmeißen. Ich humpelte mit Krücken zu meinem Auto und fuhr, soweit ich konnte. Ich hatte mich noch nie so allein gefühlt.

Ich fing an, meine Sorgen und Ängste aufzuschreiben, da ich niemanden hatte, mit dem ich mich hätte austauschen können. Immer wieder schrieb ich unter Tränen auf ein Blatt Papier: „Ich wünsche mir, wahrhaftig geliebt zu werden!" Das Problem daran war, dass ich nicht glaubte, es wert zu sein.

Ich fühlte mich nutzlos, dachte, ich müsste mir Liebe und Anerkennung verdienen. Daher fand ich auch keinen Job, der es mir ermöglichte, meine Schulden abzuzahlen. Jeder erhält vom Universum nur das, was er glaubt, wert zu sein.

Ich stürzte mich von einem Liebesabenteuer ins nächste, ließ mich sogar von Männern erniedrigen, nur um des Gefühls willen, beachtet zu werden. Nach unzähligen kurzfristigen

Liebesbeziehungen fühlte ich mich wie eine Hülle, die nichts konnte, außer Männern zeitweise zu gefallen. Ich redete mir ein, dass ich meiner Familie und Menschen, denen ich begegnete, völlig egal war. Im Buddhismus nennt man diesen Zustand „Höllenzustand" und ich war drei Jahre in dieser Welt gefangen. Mein einziger Lichtblick war, meiner Leidenschaft – nämlich dem Gesang und der Schauspielerei – nachzugehen. Nach drei Jahren Überlebenskampf und 30.000 Euro Schulden ging ich nach Hamburg.

In Hamburg blieb die Vergangenheit mein steter Begleiter. Immer wieder erhielt ich Mahnungen und Vollstreckungsankündigungen. Inkassobüros bedrohten mich regelrecht am Telefon, sodass ich bei unbekannter Nummer nicht mehr ans Handy ging und die Post nicht mehr öffnete. Ich redete mir ein, keine Kraft mehr zu haben und nicht weiter kämpfen zu können. Ich sah nicht, dass alles damit zusammenhing, dass ich mich selbst nicht lieben konnte. Ich bekam Schuldgefühle, meine Familie im Stich gelassen und enttäuscht zu haben, und meine Schwester gab mir die Schuld, dass unsere Mutter an Brustkrebs erkrankt war.

Ich sah nur noch die negativen Dinge. Ich sah, was ich nicht konnte, und verglich mich mit meinen Mitstudentinnen. Ich musste mir zudem nebenher Jobs suchen, um meine Miete und mein Essen zu zahlen. Ich bekam für das erste Jahr ein Stipendium von der Schule. So hatte ich Luft. Doch was sollte mit den nächsten zwei Jahren werden? Wie sollte ich die Schule und meinen Lebensunterhalt zahlen? Die Sorgen machten mich regelrecht krank.

Jeden Tag plagten mich Rückenschmerzen und Migräne. Mein Gesangs-Dozent Yoshi Mitzu Haga, ein weiser und sehr wertschätzender Mann, sagte in einer Stunde zu mir: „Deine

Stimme erst schön, wenn deine innere Stimme mit dir im Reinen!". Er spürte, dass ich vor Schuldgefühlen und Selbstzweifeln begann, mich selbst zu vernichten.

Ich bin ihm unendlich dankbar.

Denn ich war kurz davor, das Musicalstudium abzubrechen. Yoshi verhinderte es, indem er mich auf ein buddhistisches Treffen mitnahm. „Du siehst nur, was dir nicht gelingt. Das bringt dich nicht weiter", sagte er und schaute mir dabei tief in die Augen.

Er sah direkt in meine Seele und das tat verdammt weh. Ich hatte keinen Schimmer, was mich erwarten würde, aber da ich Yoshi sehr vertraute, ging ich mit. Auf dem Weg dorthin dachte ich noch: „Eigentlich hast du auf irgendwelchen Hokuspokus keine Lust!" Religion verband ich mit Heuchlerei, Machtkämpfen und Illusion. Trotzdem war ich irgendwie neugierig auf dieses Treffen. Da saßen mehrere Menschen unterschiedlicher Herkunft und unterschiedlichen Alters vor einem Schrein, der eine Schriftrolle beinhaltete. Diese Schriftrolle, so erklärte man mir, war vor 800 Jahren von Nichiren Daishonin geschrieben worden und sollte nun der Allgemeinheit dienen, sich selbst zu reinigen und die innere Buddhaschaft hervorzuholen. Die Gruppe wiederholte ständig im Sprechgesang, den man Chanten nennt, „Nam-Myo-Ho-Renge-Kyo".

Yoshi drückte mir eine Karte in die Hand, auf der diese Worte standen, und meinte, ich solle einfach mit einsteigen. Da ich nichts zu verlieren hatte, machte ich das und dann passierte etwas Unbeschreibliches. Ich fühlte mich auf einmal frei, losgelöst, meine innere Stimme sagte: „Das ist genau das, was ich brauche!"

Als ich begann, regelmäßig zu chanten, war ich wie ein Schwamm, der alles aufsaugte. Ich las so viel wie möglich über diese Praxis und ging auf Versammlungen. Dabei stieß ich auf einen Goshoabschnitt.

„Nach jedem Winter kommt der Frühling", das sind Briefe von Nichiren Daishonin an seine Schüler. Daisaku Ikeda, der Präsident der SGI (Soka Gakkai International), schrieb dazu eine Abhandlung, wie die tröstenden Worte des Daishonin für uns im Alltag umgesetzt und in unserem Zeitalter interpretiert werden können. Die Worte in der Gosho und die von Daisaku Ikeda sowie die Diskussionen auf den Versammlungen gaben mir Kraft und sehr viel Erkenntnis über mein eigenes Verhalten und Denken.

Jede Jahreszeit hat ihre Berechtigung, es kommt darauf an, wie ich damit umgehe. Ich war also in einer langen Winterzeit, wo ich mit Ablehnungen, Erniedrigungen, Geldproblemen und meinen eigenen negativen Tendenzen umgehen musste.

Doch der Frühling würde auf jeden Fall irgendwann kommen. Diese Erkenntnis gab mir Hoffnung. Ich fand meine innere Kraft, wenn ich chantete, und begann zu jobben. Ich verdiente das erste Mal gutes Geld und wusste, ich würde die nächsten zwei Jahre finanziell überstehen können.

Doch der Gerichtsvollzieher hatte mein Konto einfrieren lassen und ich stand wieder vor dem Nichts. Ich musste mit der Angst umgehen, die Schule bald nicht mehr zahlen zu können, und fühlte mich als Versagerin. Ich hatte jetzt die Wahl, entweder aufzugeben oder einen Weg zu finden und zu kämpfen.

In einer buddhistischen Versammlung erzählte ein Mitglied seine Erfahrung und da fiel es mir wie Schuppen von den Augen: „Solange ich mir einrede, dass ich erst glücklich bin, wenn ich das oder jenes erreiche, werde ich nie glücklich sein. Ich muss anfangen, in mir selbst aufzuräumen und mich lieben lernen."

Ich begann, meine Vergangenheit aufzuarbeiten. Nichiren betont oft, wie wichtig unsere innere Einstellung ist. Ohne das Herz eines Löwen können wir nicht siegen. Daher haben Entschlüsse des Herzens die Kraft, Dinge ändern zu können. Ich nahm mir professionelle Hilfe, um verstehen zu lernen, warum ich mich nicht lieben konnte. Dies führte dazu, dass ich meine im tiefen Unterbewusstsein verankerte Angst entdeckte und sie mit Hilfe des Chantens und des intensiven Studiums der Lehre Nichiren Daishonins überwinden konnte.

Ich beendete die Ausbildung als Musicaldarstellerin erfolgreich und ging nach Magdeburg. Ich habe es geschafft, seit 2013 regelmäßig Aufträge als Sängerin und Schauspielerin zu generieren.

Doch unser Karma, unserer Tendenzen, kommen immer wieder zum Vorschein, wenn wir nicht dranbleiben und immer weiter unser Inneres polieren. Beruflich ging es bergauf, ich umgab mich nur noch mit Menschen, die es gut meinten und mich nicht erniedrigten.

Ich fand Anerkennung und Freunde und spürte eine tiefe Dankbarkeit und Liebe mir und meiner Familie gegenüber. Mit meiner Familie konnte ich ein Gespräch auf Augenhöhe führen und wir näherten uns wieder an.

Ich war ein anderer Mensch, ich befand mich nicht nur im Frühling, ich war der Frühling. Ich ruhte zum ersten Mal in mir. Nur meine Schulden waren immer noch da. Anders als zuvor stellte ich mich dieses Mal diesem Berg. Ich meldete Insolvenz an.

Ich lernte Männer kennen, die mich spiegelten und eine noch größere Herausforderung zu sein schienen. Ich hatte das Gefühl, aufgehalten zu werden, und beschloss: „Erst, wenn ich meine

Schulden, also mein Finanzkarma, komplett gewandelt habe, bin ich bereit für den richtigen Mann in meinem Leben."

Ich arbeitete hart, jetzt lief ich nicht der Liebe, sondern dem Geld hinterher. Ich beantragte die vorzeitige Ablösung meiner Insolvenz. Ich wollte keine sechs Jahre warten. Die Aufträge als Künstlerin reichten jedoch nicht, um mich meinem Ziel der Schuldenfreiheit näher zu bringen. Ich steckte mitten im Privatinsolvenz-Verfahren. In der Zeit weinte ich beim Chanten, weil ich mich schon wieder wertlos fühlte. Der Kampf um das Geld war mein persönlicher Kampf um mein Selbstwertgefühl.

Der Insolvenzverwalter meinte, ich müsste noch zusätzlich 1.000 Euro Bearbeitungsgebühren zahlen, sonst könnte der Ablösungsplan nicht beantragt werden. Er riet mir sogar, aufgrund der vielen Hindernisse, die mir in den Weg gelegt wurden, doch lieber nichts zu tun und keine vorzeitige Ablösesumme bereitzustellen. Er hätte noch nie einen so schwierigen Fall wie mich gehabt. Früher hätte ich aufgrund dieser Aussage aufgegeben. Doch ich erinnerte mich daran, dass ich meine Tendenzen ändern musste, mein Verhalten. Ich fragte mich, wie Daisaku Ikeda mit meiner Situation umgehen würde. Ich chantete mit dem tiefen Entschluss, mein Finanzkarma zu ändern und egal, wie das Ergebnis sein würde, mich selbst immer und stets zu lieben. Zum ersten Mal in meinem Leben überwand ich auf einmal meinen falschen Stolz und bat um Hilfe bei Freunden und auch meiner Familie. Ich borgte das fehlende Geld. Ich wusste, ich würde durch das Chanten dieses Mal die Kraft haben, alles zu schaffen. Ich schaffte es sogar innerhalb von drei Monaten, das Geld wieder zurückzuzahlen. Manchmal muss man sich selbst mehr Zeit geben, um gewohnte Verhaltensmuster ändern zu können.

Wie Nichiren oft betont: „Der Glaube ist wichtig."

In dieser Zeit redete ich viel mit meinen Eltern und unterstützte meine Mutter und meinen Vater, um ihnen meine Dankbarkeit zu zeigen. Denn Nichiren schrieb in der Gosho: „Sei dankbar gegenüber deinen Eltern." Ich wusste, nur durch wahre Dankbarkeit würde ich mein Karma komplett ändern können. Das heißt auch, dankbar zu sein für das, was ich erlebt hatte.

Immer wenn ich Zeit hatte und tolle Dinge in meinem Leben passierten, hatte ich das Bedürfnis, dies auch mit einem Mann, der mich liebt, zu teilen. Doch ich war so verkopft. Ich wollte partout keinen Mann kennenlernen, bevor ich schuldenfrei war. Außerdem dachte ich: „Wer will schon eine Frau, die im Insolvenz-Verfahren steckt?!" Schon wieder kam die Tendenz, mich klein zu machen, hervor. Doch beim Chanten vor dem Ghonzon spiegelst du dich, du reflektierst dich und erhältst neue Sichtweisen. Ich bemerkte meine Gedanken und Gefühle und konnte daher schneller reagieren. Ich chantete noch mehr, manchmal regelrecht wütend, dass ich endlich aufhören wollte, mich klein zu machen. Ich fing an, mich sozial zu engagieren. Nicht um von mir abzulenken, sondern um meine Erfahrungen zu teilen und anderen Menschen Mut zu machen.

Und dann lernte ich ihn kennen, meinen Traummann, Ronny.

Er schrieb mich über das Internet an und wir trafen uns von da an regelmäßig. Doch ich hatte Angst. Ich chantete nach jedem Treffen, stellte ihm unzählige Fragen und prüfte ihn regelrecht. Jedes Mal, wenn ich dachte: „Er will dich doch nur ins Bett bekommen und dann schießt er dich ab, so wie alle anderen", chantete ich und dann fühlte ich jedes Mal: „Der Mann liebt dich und du kannst ihm vertrauen."

Auch hier änderte ich komplett mein Verhalten. Früher ließ ich mich schnell ein, jetzt hinterfragte ich mich und auch ihn und holte mir Sicherheit und neue Blickwinkel über meine buddhistische Praxis. Nachdem wir zusammengekommen waren und ich ihm ehrlich von meiner Vergangenheit berichtet hatte, chantete ich, dass ich einen Beweis brauchte, dass er der Richtige war.

An dieser Stelle lernte ich, vorsichtig mit dem zu sein, was man sich wünscht. Denn ich stürzte die Treppen herunter. Ich bekam sofort Panik, dass ich jetzt wieder Schulden machen würde.

Ich hatte mir mehrere Sehnen am Fuß angerissen und konnte nicht laufen. Doch Ronny war wie ein Fels in der Brandung, er trug mich, wenn es sein musste, baute meine Technik auf, damit ich wenigstens Gesangsauftritte übernehmen konnte. Er sah mir oft tief in die Augen, er strahlte so viel Liebe aus und sagte: „Du hast es verdient, geliebt zu werden, du bist ein wunderbarer Mensch!"

Noch nie zuvor hatte jemand so etwas zu mir gesagt. Dies war der Beweis, den ich gebraucht hatte. Dieses Gefühl war unbeschreiblich. Von wegen, ich müsste erst alles klären, bevor ich glücklich sein und geliebt werden konnte! Ein riesiger Unsinn. Und deshalb möchte ich auch meine Erfahrung offen teilen, um jedem zu sagen: „Hör auf, deine Welt so klein zu machen. Alles ist hier und jetzt möglich.

Du musst nur daran glauben und vor allem es zulassen!"

Erst mit Hilfe von Ronny konnte ich die schwere Zeit, die mir dann noch bevorstand, überstehen.

Denn das Insolvenz-Verfahren zog sich fast zwei Jahre hin. Viele verzweifelte Wutausbrüche und Tränen flossen und Ronny war da, fing mich auf. Sagte sogar manchmal, ich sollte jetzt lieber chanten, damit ich wieder klar denken konnte. Der Gohonzon hat mir einen Mann beschert, der für mich da ist. Ohne ihn hätte ich das Verfahren nicht überstanden. Und jetzt? Ja, jetzt bin ich schuldenfrei und seit Juli 2019, nach zweijähriger Beziehung, verheiratet. Ronny hat mich unterstützt, so dass ich im März 2018 meine eigene Musicalschule für Kinder, Jugendliche und Erwachsene eröffnen konnte. Die Schüler sind begeistert und geben mir unglaublich viel zurück. Das Verhältnis zwischen meiner Familie und mir ist von mehr Liebe geprägt als jemals zuvor.

Daisaku Ikeda sagt immer zu uns, wir sollen den Gohonzon herausfordern. Ja, und das mache ich. Es wird immer schwierige Situationen im Leben geben. Wichtig ist nur, wie wir damit umgehen. Und diese buddhistische Praxis überrascht mich immer wieder aufs Neue.

Vielen Dank. Nam-Myo-Ho-Renge-Kyo

Ihre Marie Matthäus

# Sabine Quaritsch

Bild Sabine Quaritsch (Fotograf: Martina van Kann)

Sabine Quaritsch war Marketingleiterin bei einer großen, norddeutschen Bäckereikette. Ein Job, um den sie von vielen Menschen beneidet wurde. Trotzdem hat sie von heute auf morgen diesen Job an den Nagel gehängt, um sich einer völlig anderen Aufgabe zu widmen. Im April 2016 hat sie zusammen mit ihrem Mann Matthias angefangen, die Öle mit anderen Menschen zu teilen und die Dufte Welt GmbH gegründet. Sie hat den gemeinnützigen Verein Helping Touch ins Leben gerufen und viele andere Projekte auf den Weg gebracht. Mit ansteckender Leidenschaft arbeitet Sabine daran, dass aus der duften Welt eine bessere Welt wird, so wie wir sie uns wünschen. Sabine Quaritsch will Mut machen, das Herz in die Hand zu nehmen, auch mal Risiken einzugehen, um etwas Neues zu wagen und sein ganzes Potential zu leben. Und vor allem will sie so vielen Frauen wie möglich dabei helfen finanziell unabhängig zu werden.

## Liebes Universum, danke, danke, danke!

*„Umwege erhöhen die Ortskenntnis“*

Wenn ich heute aus meinem Fenster schaue, sehe ich ein weites Tal mit Olivenbäumen und Weinfeldern. Am Horizont ist die schneebedeckte Kuppe des Mount Olympos, dem mit fast 2.000 Metern höchsten Berg Zyperns, zu sehen. Nein, ich lebe nicht wegen der günstigen Steuern hier. Sondern wegen der atemberaubenden Natur und des Klimas mit 300 Sonnentagen im Jahr und wegen des zyprischen Lebensmottos „tsigar, tsigar!“, was so viel wie „langsam, langsam!“ bedeutet. Bis auf das Bellen von streunenden Hunden, zwitschernden Vögeln und dem leisen Geklacker, von Palmenblättern, die sich aneinander reiben, ist es still. Keine Autos, keine Bahn, keine Flugzeuge – nur der Klang der Natur. Wir leben jetzt seit fast vier Monaten in diesem Paradies. Sind zum Teil immer noch mit Ankommen beschäftigt. Fahren immer noch einen Mietwagen, streichen die Zimmer unseres Hauses in den Farben, die wir mögen, lernen neue Menschen kennen, haben schon ein (kleines) Erdbeben erlebt und vermissen die großzügige Auswahl an Fruchtjoghurts in deutschen Supermärkten. Unser Haus ist groß, mit viel Platz für Gäste, und einem Pool, in dem man wirklich schwimmen kann. Wir versuchen – so gut es geht – nur noch montags, mittwochs und freitags zu arbeiten. Kurzum – wir leben unseren Traum vom Leben.

Wie konnte es so weit kommen?

**Wo komme ich her?**

Die ganze Geschichte beginnt in Hannover. Vater Polizist und Alkoholiker, eine Mutter, die nach der Trennung mit einer unglaublichen Energie drei Kinder alleinerziehend zu erwachsenen Menschen werden lässt. Ich weiß nicht, ob wir wirklich arm waren. Nein, das wahrscheinlich nicht. Wir hatten zu essen, ein Dach über dem Kopf und die Heizung ging auch. Im Hannover der 1970er Jahre gab es bestimmt Menschen, die noch weniger hatten als wir. Aber wie heißt es so schön: Es musste jeder Pfennig umgedreht werden, bis er ausgegeben werden durfte. Mit meiner Schwester teilte ich ein Zimmer von zehn Quadratmetern.

Eine neue Hose gab es zum Geburtstag und nicht mal eben zwischendurch. Den meisten Leserinnen und Lesern muss diese Situation nicht erklärt werden. Wir kennen das aus eigener Anschauung, weil wir fast alle so lebten. Und es für ganz normal hielten.

Ein gewisses Konfliktpotenzial bot die Tatsache, dass ich aus einer „armen" Gegend kam und zur Schule mit „reichen" Kindern ging. Ich gehörte nicht dazu. Was macht das mit einem Kind, wenn sich Wertschätzung und Respekt aus der Marke des Pullovers ableiten? Was macht das mit einer Mutter, die sich mit allem abstrampelt, was sie hat, und es am Ende trotzdem nicht reicht? Was macht es mit einem Kind, wenn der Lehrer sagt: „Du asoziale Sau wirst hier nie Abitur machen!" In diesem vornehmen Stadtteil von Hannover wollte man halt unter sich bleiben und war auch nicht zimperlich, was die Wahl der Mittel betraf.

Ich brauchte, um zu verstehen, dass die anderen ein Problem hatten und nicht ich.

Ich wechselte dann die Schule und machte ein gutes Abitur. Eigentlich wollte ich wie mein älterer Bruder Medizin studieren, landete aber in der Werbung. Ich arbeitete wie eine Irre: 6 Uhr morgens schwimmen, anschließend in die Werbeagentur, schrieb bis spät abends Konzepte, besuchte Kunden und brainstormte mit den Kreativen – wie das eben so läuft. So ging es eigentlich die nächsten 30 Jahre weiter – mit unterschiedlichen Arbeitgebern in immer „wichtigeren" Positionen, mit größerem Gehalt und noch größerem Dienstwagen. Die Leute in unserem Dorf, in dem wir zuletzt in Deutschland wohnten, dachten wahrscheinlich: „Wow, was für eine tolle Karriere! Die hat es drauf!"

Was man nicht sah: Dass ich abends vor Erschöpfung um 21 Uhr ins Bett musste, um den nächsten Tag zu überstehen. Dass meine Migräne- und Rheumaschübe immer häufiger kamen. Dass ich unter der Schicht Make-up grau und blass war. Dass ich mich fragte, wie ich die verbleibenden 14 Jahre bis zur Rente schaffen sollte. 14 Jahre! Dass ich mich im Grunde wie eine Gefangene fühlte – ohne Aussicht auf vorzeitige Entlassung oder Haftmilderung. Mir wurde klar, dass all meine unglaublichen Anstrengungen mich beruflich nicht glücklich gemacht hatten – ganz im Gegenteil.

Irgendwas musste passieren. So jedenfalls konnte es nicht weitergehen. So weit, so klar, so schwierig. Das Haus nicht abbezahlt, die Kinder noch in der Ausbildung, außer Marketing nichts gelernt. Wer will schon eine 53-jährige Marketingleiterin? Ich stellte mir die Sinnfrage, so ganz grundsätzlich. Was sollte auf meinem Grabstein stehen? „Sie hat ganz tolle Werbung für Brötchen gemacht!"?

**Alles auf Reset**

An dieser Stelle muss ich mich bedanken beim Universum, dass es mich beschenkt hat mit einer ganz bestimmten Gabe: nämlich mit der Fähigkeit, mutig eine Entscheidung zu treffen und sie konsequent und mit aller Energie zu verfolgen. Auch wenn alle drumherum mit den Augen rollen und denken: „Na, wenn das mal gut geht“ oder „Warte mal ab, in sechs Monaten ist sie wieder zurück von ihrem Trip“. Auf der anderen Seite – das gebe ich gern zu – waren die Schmerzen ein paar Jahre früher noch nicht groß genug, um einen radikalen Schritt zu wagen. In diese Zeit – um die Jahreswende 2015/2016 – kam beides zusammen: große Schmerzen und der Mut, den großen Schritt ins Unbekannte zu wagen.

Am 18. April 2016 war es dann so weit: Ich startete zusammen mit meinem Mann eine Karriere im Network Marketing. Bis dahin hatte ich für diese Art des Business eigentlich nur ein mildes Lächeln übrig. Wenn einem gar nichts mehr einfiel, dann macht man Network Marketing. Das waren doch diese nervigen und aufdringlichen Menschen, die einem überteuerte Produkte aufschwatzen wollten. Nein, so tief würde ich niemals sinken können. Eric Worre, einer der profiliertesten Kenner der Szene, hat einmal gesagt: „Wenn man mit Network Marketing anfängt, ist damit anfangs ein gewisser gesellschaftlicher Statusverlust verbunden. Das wird sich ändern, wenn du damit erfolgreich wirst“.

Was mich von Anfang getragen hat, war das sichere Gefühl, zur richtigen Zeit am richtigen Ort zu sein. Woher kam dieses Gefühl? Ganz entscheidend war das Unternehmen, mit dem wir zusammenarbeiten. Ich habe in meinem ganzen Leben kein Unternehmen kennengelernt, das die Dinge mit so viel Seriosität und Integrität angeht. Das Unternehmen gab es schon viele Jahre.

Bei allem, was sie taten (und tun), stand der Mensch im Mittelpunkt. Das waren nicht nur hohle Phrasen für ein gutes Image.

Nein, das meinten sie wirklich ernst und handelten dementsprechend. Mich hat die Haltung emotional ganz stark berührt und ein Gefühl von „es gibt es doch, das Gute" gegeben.

Der zweite wichtige Grund für dieses gute Gefühl war ich selbst. Mein Mann und ich (er kommt auch aus der Kommunikationsbranche) hatten immer mal wieder die Idee, dass wir uns selbstständig machen könnten. Unsere Fähigkeiten – er PR, ich Werbung – und unsere Temperamente ergänzen sich ganz hervorragend. Es gab wenige Argumente, die dagegensprachen, gemeinsam eine Agentur für Kommunikation zu gründen. Wir machten es trotzdem nicht. Weil wir dachten, dass wir für die Selbstständigkeit nicht bestimmt sind. Weil wir viele Agenturchefs kannten, die rund um die Uhr arbeiteten und zielstrebig auf den ersten Herzinfarkt zuarbeiteten, und vielleicht auch, weil die Verantwortung zu groß erschien. Im Nachhinein kann ich nur sagen: Was für ein Glück, dass wir es nicht gemacht haben! In unserem Fall war es ganz anders. Meine innere Stimme war ganz klar: Das ist es. Ich war genauso sicher, wie ich mir bei meinem Mann sicher war, dass er der Richtige für den Rest meines Lebens sein würde (wir sind jetzt seit 27 Jahren verheiratet). Was ich aber auch gelernt habe: Man muss üben, auf seine Intuition zu hören. Denn unser Verstand ist sehr trickreich. Er kommt mit allen möglichen Argumenten wie: „Das ist zu unsicher", „Schuster, bleib bei deinen Leisten", „Das kannst du sowieso nicht" und so weiter. Der Verstand hört erst auf zu brabbeln, wenn ihm keiner mehr zuhört.

„Sei du selbst die Veränderung, die du dir für die Welt wünschst". Diesen schönen Satz soll Gandhi einmal gesagt haben. Oder, wie der

Norddeutsche es formulieren würde: „Klug schnacken allein reicht nicht.“ Niemand fällt als Meister des Network Marketings vom Himmel. Es geht darum, seine Persönlichkeit weiterzuentwickeln. Dafür gibt es unzählige Angebote in allen nur denkbaren Varianten. Was ist wirklich nützlich? Im Network Marketing wie auch in den meisten Feldern unseres Lebens geht es um Kommunikation und Beziehungen mit Qualität. Es geht darum, wie man etwas sagt, und nicht darum, was man sagt. Je nach Experte schwanken die Zahlen zwischen 50 und 90 Prozent, die sagen, dass der nonverbale Teil der Botschaft der entscheidende Teil ist. Ich habe eine Botschaft und zwar eine ganz große und wichtige. Nur, wie stelle ich es an, dass andere Menschen sie genauso verstehen und fühlen wie ich? Ich habe mich mit vielen Formen des Coachings beschäftigt und mich von anderen coachen lassen.

Zwei Ideen haben mir ganz besonders geholfen. Die erste Idee hat Simon Sinek in seinem Buch „Frag immer erst: warum“ niedergeschrieben – ein großartiges Buch voller Inspiration. Seine Kernthese lautet: „Menschen kaufen nicht, was man macht; sie kaufen, warum man etwas macht.“ So wahr. Dazu ist es natürlich hilfreich, wenn man weiß, warum man etwas macht. Das hört sich einfacher an als es ist. Dazu eine kleine, wahre Geschichte: Auf einem Business-Training unseres Unternehmens ging es genau um diese Frage. Lil Sheppard, die schon lange in unserem Business aktiv ist, fragte die etwa 80 Teilnehmer, wer denn gern über sein „Warum“ sprechen möchte. Es meldete sich eine Frau, etwa Mitte Dreißig, aus dem Publikum. Sie begann zu erzählen, dass sie gern anderen Menschen helfen würde, ihre Lebensqualität zu verbessern, dass sie gern mit anderen Menschen zusammen sei und so weiter. Lil fragte nach jeder Antwort nach: „Warum möchtest du das?“ Am Ende kam unter Tränen das wirkliche, echte Warum an die Oberfläche. Die Frau war alleinerziehend, hatte eine behinderte Tochter, die im Rollstuhl saß, und wünschte sich nichts sehnlicher als ein Zuhause, das behindertengerecht gestaltet war und ihrer Tochter mehr Möglichkeiten bot, sich zu entfalten. Alle im Raum spürten, was gerade passierte. Diese Frau hatte ihr Warum gefunden, ihren Motor, ihren Antrieb, warum sie morgens an die Arbeit geht. Sie hatte sich nicht getraut, diese Antwort auf die Frage nach dem „Warum" zu geben, weil es ihr zu egoistisch vorkam.

Die zweite Idee ist viel einfacher: Ganz am Anfang unserer Network-Marketing-Karriere wurden wir gefragt, ob wir Lust hätten, nach Portugal zu fliegen, um auf einem Bootcamp mit über 300 Leuten aus ganz Europa zu sprechen. Es hatte sich herumgesprochen, dass wir in kurzer Zeit sehr viel erreicht hatten, und alle waren neugierig, was denn das „Geheimnis unseres Erfolgs" war. Ich fragte, über was wir denn genau sprechen sollten. Die Antwort: „Es ist völlig egal, über was ihr sprecht, Hauptsache, es kommt von Herzen". Für den einen oder anderen mag das kitschig klingen. Aber für mich war es immer ein entscheidendes Kriterium, ob ich etwas tue oder nicht. Und mit welcher Haltung ich anderen Menschen begegne. Das, was ich in den letzten Jahren zum Thema Persönlichkeitsentwicklung gemacht habe, war nicht Selbstoptimierung, sondern der Versuch, die beste Version von mir selbst zu werden. Das ist ein großer Unterscheid. Das eine ist die Aneignung von Techniken, um bei anderen mehr Erfolg zu haben.

Das, was ich meine, lässt sich eher vergleichen mit dem Holzschnitzer, der aus einem einfachen Baumstamm eine schöne Figur herausschnitzt und am Ende sagt: „Die Figur war immer schon da. Ich habe nur alles Überflüssige entfernt." Ich bin fest davon überzeugt, dass nur dieser Weg nachhaltig, erfüllend und letzten Endes auch erfolgreich sein kann. Erfolgreich im Sinne von „im

Einklang mit sich selbst“ und ehrlich und authentisch in Beziehungen zu anderen Menschen.

Ein anderes Hilfsmittel, um herauszufinden, wer man ist und wie man tickt, ist der Clifton Strenghts Finder. Schon in den 1930er Jahren von Don Clifton erfunden, helfen die Ergebnisse des Tests die eigenen Talente und Stärken zu sehen und mit ihnen zu arbeiten. Der grundsätzliche Ansatz ist stärkenorientiert. Beispiel: Anne Sophie Mutter war schon als Kind eine großartige Geigerin. Ihre Leistungen im Badminton waren vielleicht nicht ganz so gut. Niemand wäre bei diesem offensichtlichen Ausnahmetalent auf die Idee gekommen, sie in den Sommerferien zur Sportnachhilfe zu schicken. Das ist aber genau das, was unsere Schulen machen. Sie sind schwächen orientiert. Eine Fünf im Zeugnis löst in der Regel deutlich mehr Reaktionen aus als eine Zwei. Don Clifton ging davon aus, dass Menschen produktiver und glücklicher sind, wenn sie das tun, wofür sie Talent haben und was sie gut können. Mir hat es sehr geholfen, meine Talente zu kennen und sie zu Stärken zu entwickeln und mich nicht mit Dingen zu beschäftigen, für die ich einfach nicht talentiert genug bin.

### Eine Lanze brechen für das Network Marketing

Einen Großteil meines Lebens habe ich darunter gelitten, dass ich als Frau schlechter bezahlt wurde als Männer in gleichen Positionen. Dafür gibt es keinen vernünftigen Grund, und es ist eine himmelschreiende Ungerechtigkeit. Selbst die Tatsache, dass eine Frau die bedeutendste Führungsposition in Deutschland für 16 Jahre innehatte, hat das Thema gleiche Bezahlung nur sehr mühsam vorangebracht. Frauen können es! Manchmal anders als Männer, aber sie haben es drauf! Deshalb möchte ich eine Lanze brechen für das Network Marketing.

Network Marketing ist anders – wenn es gut gemacht und absolut seriös ist. Bei uns gibt es nur ein Vergütungssystem, nicht einen Plan für Männer und einen für Frauen.

Im Network spielt es außerdem keine Rolle, ob man groß oder klein, dick oder dünn, alt oder jung, Mann oder Frau oder was dazwischen ist, ob Abitur oder Hauptschule, die Hautfarbe spielt keine Rolle und die Religion genauso wenig. Die Chancen sind für alle gleich. Der einzige Unterschied bin ich selbst. Es hängt ganz allein an mir, was ich daraus mache.

Network Marketing kann besonders für Frauen eine großartige Chance bieten, sich zu entwickeln. Denn es gibt keine festgelegten Arbeitszeiten und niemand schreibt vor, wie viele Stunden zu leisten sind. Für viele Frauen, auch mit Kindern, lässt sich so oft auf ganz individuelle Art Einkommen erzielen, um die Abhängigkeit vom Mann zu verringern. Machen wir uns nichts vor. In vielen deutschen Familien muss die Frau immer noch zuerst den Mann fragen, wenn es um Ausgaben von über 100 Euro geht. Meine Schwiegermutter bekam ein festgelegtes wöchentliches Haushaltsgeld. So sieht die Realität aus. Und es ist noch nicht so lange her, dass ein Gesetz abgeschafft wurde, worin stand, dass die Frau zuerst den Mann fragen musste, wenn sie einer bezahlten Arbeit nachgehen wollte. In Indonesien wird Network Marketing sogar staatlich gefördert, um insbesondere Frauen auf dem Land bessere Entwicklungschancen zu ermöglichen.

Network Marketing ist ein Beziehungsgeschäft. Beziehungen aufzubauen, zu pflegen und zu kultivieren ist vielen Frauen in die Wiege gelegt. Ich möchte Männern nicht generell unterstellen, dass sie das nicht können. Aber Frauen haben dafür oft die etwas besseren Voraussetzungen. Ein weiterer Grund, sich mit diesem Thema zu beschäftigen.

## Warum hat es geklappt?

Wenn man wie ich im Alter von 53 Jahren seine langjährige Karriere Karriere sein lässt, um ein komplett neues Leben in der Selbstständigkeit zu starten, braucht es ein paar Dinge, damit das klappt.

1. Das Business muss eine gute Grundlage haben. Bei mir war es Network Marketing mit Produkten, die jeder braucht und die nicht kopierbar sind.

2. Im Englischen gibt es Wörter, die sich nur schlecht ins Deutsche übersetzen lassen. Eines davon ist Commitment – eine Mischung aus Engagement, Hingabe, Verpflichtung, etwas-unbedingt-wollen.

Ich bin definitiv commited! Ich habe einen Vertrag mit mir selbst, dass ich veränderungsbereit bin und Verantwortung für mich übernehme.

3. Liebe und Leidenschaft: Ich liebe mein Leben genau so, wie es jetzt ist! Und zwar mit allem Drum und Dran. Ich freue mich über den Sonntag genauso wie über den Montag, feiere kein „Bergfest“ am Mittwoch und der Satz „Thank God, it’s Friday“ ist mir seit Jahren nicht mehr über die Lippen gekommen!

4. Strategie und Ziel: Am Anfang habe ich mich gefragt, was mein großes Ziel ist. Und zwar der große Wurf. Nicht etwas wahrscheinlich Erreichbares, etwas über dem mittleren Durchschnitt, sondern: Wie sieht mein perfektes Leben aus? Mit diesem Bild des großen Ziels vor Augen habe ich eine Strategie entwickelt. Eines der wichtigsten Zitate auf dem Weg stammt von Kurt Tucholsky „Umwege erhöhen die Ortskenntnis“. Denn es geht nicht immer glatt in eine Richtung. Ich habe akzeptiert, dass ich

stehenbleibe, ja, manchmal sogar ein paar Schritte zurück gehe. Wenn ich in der Küche aufbreche, um zu meinem Ziel, dem Wohnzimmer, zu gehen, steht plötzlich im Flur ein Stuhl im Weg. Ich gehe drumherum oder stelle ihn zur Seite. Was nicht infrage kommt, ist in die Küche zurückzugehen und zu jammern!

5. Ein starkes Warum: Warum stehe ich morgens auf, warum unternehme ich manchmal große Anstrengungen, warum sagen mir die Menschen, dass meine Augen strahlen, wenn ich arbeite? Weil ich weiß, warum ich das mache, was ich mache. Mein Warum lautet: Ich möchte bedingungslos großzügig sein mit mir und mit anderen Menschen. Mein Warum ist mein Motor, mein Benzin, meine Motivation. Das macht mich glücklich. Darum stehe ich morgens auf.

Dieses Buch soll Mut machen. Ohne Grund mutig zu sein, ist noch mutiger. Mit einem Grund mutig zu sein, ist viel leichter. Eine Situation zu ändern, in der man vermeintlich feststeckt, ist – von außen betrachtet – oft leicht.

Wenn man drinsteckt, erscheint es meistens gar nicht so einfach. Wer kennt nicht diese Menschen, die stundenlang darüber lamentieren können, wie wenig Spaß ihre Arbeit macht, wie wenig Verständnis ihr Partner für sie hat, wie viel Pech sie im Leben hatten und dass sie nur noch drei Jahre bis zur Rente haben.

Dann wird alles besser ... Oder auch nicht. Man möchte ihnen zurufen: „Kündige!“, „Trenn dich von dieser toxischen Beziehung!“, „Mache das, was dich glücklich macht!“. Leichter gesagt als getan. Mir hat eine Frage sehr geholfen, mein neues Leben anzufangen: Was ist das Schlimmste, was dir passieren kann, wenn du etwas Neues beginnst? Beim näheren Hinsehen stellte sich das „Schlimmste“ als gar nicht so schlimm heraus und meine

Entscheidung war getroffen. In dem Moment, in dem ich mich entschieden hatte, rauschte das Adrenalin nur so durch meinen Körper und schenkte mir jede Menge Energie, um loszulegen. Ich war beseelt. Alles in mir sagte ja, ja, ja, du bist auf dem richtigen Weg!

Dieser Weg hat mich auf die wunderschöne Mittelmeerinsel Zypern gebracht, zwischen Olivenbäume und Weinreben. Ich genieße das Leben und bin sehr dankbar für alles, was das Universum mir geschenkt hat. Es klappt nicht immer alles, was ich mir vornehme. Aber das muss es auch nicht. Aber ich führe ein Leben in Freiheit, von dem ich vor vielen Jahren nicht einmal zu träumen gewagt habe.

Aktuell hat mir der überraschende und viel zu frühe Tod eines lieben Kollegen und Freundes erneut gezeigt, wie schnell alles vorbei sein kann. Du realisierst von einer Sekunde auf die andere, dass es für manches keine zweite Chance gibt. Unseren Kaffee, den wir zwei Jahre lang wegen Corona immer und immer wieder verschoben haben, können wir nun erst am großen Lagerfeuer zusammen trinken.

Die Träume, die wir gemeinsam hatten, muss ich nun ohne ihn weiterspinnen. Aber ich hoffe, dass er mich ab und zu in meinen Träumen besuchen und für verrückte Kinderbücher inspirieren wird. Abenteuer beginnen, wo Pläne enden!

**Ich will keine goldenen Momente mehr verpassen!**

Meine Segel sind gesetzt und es kann losgehen! Auf zu einem neuen Wendepunkt! Und möge der Weg noch so steinig sein – hier schließe ich mit Goethes Worten als weisen Rat:

***„Auch aus Steinen, die einem in den Weg gelegt werden, kann man etwas Schönes bauen!“***

Ihre Sabine Quaritsch

# André M. Richter

André M. Richter (Fotograf: Eigenbild)

André M. Richter war viele Jahre als Consultant für Großunternehmen tätig und kennt 70-Stunden-Arbeitswochen, Stress und Erschöpfungsdepression aus eigener Erfahrung. Nach seinem Burnout änderte er innerhalb von sechs Monaten sein gesamtes Leben und vereinfachte es komplett. Aber die dadurch gewonnene größere Freiheit reichte ihm noch nicht. Drei Jahre später hatte er endgültig genug von Deutschland und fasste den Entschluss, sein Heimatland für immer zu verlassen. Wiederum sechs Monate später war sein Wunsch verwirklicht. Heute lebt er glücklich und zufrieden mit seiner Frau in Portugal an der Algarve.

Hier verhilft er als Coach Menschen zu mehr Zeit, Freiheit und Lebensqualität, indem er sie dabei unterstützt, ihr Leben neu zu gestalten, zu vereinfachen und ihre Traumziele zu verwirklichen. Als Mann der Praxis weiß er, wovon er spricht, da er mehrfach gezeigt hat, wie man grundlegende Veränderungen zeitnah umsetzt.

Zusätzlich unterstützt er als Präsident eines gemeinnützigen Vereins Menschen, die nach ihrem Arbeitsleben mit ihrer Rente nicht überleben können und zeigt ihnen realisierbare Lebensalternativen in anderen Ländern.

## Mein Leben darf auch einfach sein!

### Raus aus der Sackgasse, eingeengt!

Es war ein warmer Tag im April 2020. Ich habe mich spontan für eine längere Motorradtour durch den Odenwald entschieden. Einmal so richtig abschalten, allein sein und an nichts denken. Ich kann mich nicht mehr erinnern, wann ich mir das zuletzt gegönnt habe. Ansatzweise habe ich sogar ein schlechtes Gewissen, weil ich mir einfach frei genommen habe und nicht arbeite.

Nach etwa zwei Stunden Fahrt mache ich an einem schönen Aussichtspunkt Pause. Da es ein Wochentag ist, sind nur wenige Menschen unterwegs. Ich bin allein, setze mich auf eine Bank und genieße die Ruhe. Ich schaue in die Ferne und denke daran, dass man sich auch über Kleinigkeiten freuen soll. Es ist zwar schön hier, aber zufrieden und glücklich bin ich nicht – eher nachdenklich. Ich versuche zu entspannen und hole tief Luft. Plötzlich bekomme ich einen Niesanfall. Meine Blütenallergien machen sich wieder einmal bemerkbar und meine Stimmung ist sofort auf dem Nullpunkt.

Kaum ist die kalte Jahreszeit endlich vorbei, geht es wieder los mit meinen Allergien!

Wieder einmal frage ich mich, was ich da eigentlich tue. Ich wohne in einer Gegend, die eine reine Vernunftentscheidung ist, übe einen Beruf aus, in dem ich keinen Sinn mehr sehe, und fahre durch die Gegend, die in der Nähe meines Wohnortes liegt. Nichts davon gefällt mir wirklich. Warum tue ich das dann noch? Die Angst vor Veränderungen kann es nicht sein, denn ich habe mein Leben vor ein paar Jahren schon einmal komplett geändert. Ist es also reine Bequemlichkeit? Nach dem Motto „Irgendwie funktioniert es ja so, wie es ist, also belassen wir es dabei"?

Will ich auf „Nummer sicher" gehen? Aber was ist daran sicher? Sicher ist nur, dass es ein Dahinleben ohne wirkliche Freude ist und dass es verschenkte Jahre meines Lebens sind.

Ich schütte mich mit Arbeit zu, damit ich keine Zeit habe, um darüber nachzudenken, was ich wirklich will. Ich opfere meine Gesundheit – für nichts! Ich arbeite wie verrückt, zahle viele Steuern, leiste mir als Belohnung teure Statussymbole, die ich nicht wirklich brauche, bin dadurch finanziell abhängig und zusätzlich dem Neid der Mitmenschen ausgesetzt. Erholung gibt es nicht wirklich. Wenn ich doch mal ein paar Tage frei habe, dann will ich möglichst viel erleben, um etwas zu spüren – aber da kommt nichts! Meine Stimmung ist weit unten. Freundschaften und Beziehungen gehen daran zugrunde.

Ein Punkt ist klar: Niemand ist unersetzlich! Wenn mir heute etwas passiert, dann gibt es morgen einen Ersatz für mich. In mehreren Projekteinsätzen habe ich das selbst erlebt. Also worauf warten? Wenn nicht jetzt, wann dann?

Man sagt „Love it, leave it or change it!“. Aber lange hat mir die Entschlusskraft gefehlt, um einen endgültigen Schlussstrich zu ziehen. Etwas verändern? Ja – aber was genau? Etwas beenden? Ebenfalls ja – aber was kommt danach? Das, was ich tue, lieben? Das geht schon lange nicht mehr!

**Ganz unten**

Ich hatte mir schon öfter die Frage gestellt, warum ich mein Leben nicht einfach komplett ändere, und etwas Neues anfange. Aber jedes Mal gingen wieder ein paar Jahre ins Land und ich unternahm: nichts. Klar, mitunter passieren Dinge im Leben, wo man gefordert wird und die eigenen Bedürfnisse erst einmal in den Hintergrund treten. Berufliche Herausforderungen, schwere Erkrankungen im engsten Familienkreis, Todesfälle – Ausnahmesituationen, die einen über einen längeren Zeitraum komplett beanspruchen und jede Veränderung im Keim ersticken. Aber jetzt? Jetzt war der einzige Hinderungsgrund die eigene Trägheit.

Mit den Jahren habe ich immer mehr von dem gestrichen, was mir Freude bereitet. Ob Hobbys, Musik, Konzerte, Ausflüge, Treffen mit Freunden – alles habe ich auf „später“ verschoben. Dann gab es in meinem eigenen Leben einige schwere Krankheits- und Todesfälle und plötzlich stellte sich mir die Frage: Was ist, wenn es dieses „später“ nicht gibt, weil ich das Alter nicht erreiche? Was ist, wenn aus dem „später“ ein „nie“ wird?

Ab einem bestimmten Zeitpunkt nehmen die Beschwerden zu und der Mut zu Veränderungen nimmt ab. Wie würden die restlichen Jahre meines Lebens aussehen? Einfach irgendwie weitermachen und hoffen, dass ich irgendwann die Rente erlebe und dann mit etwas Glück noch die Dinge unternehmen kann, für die ich mir bisher nie die Zeit genommen habe?

Jeder ist verankert in seinem selbst geschaffenen Lebensarbeitsmodell. Aber das ist nicht in Stein gemeißelt! Jeder von uns hat die Möglichkeit, das für sich zu ändern! Jeder muss für sich entscheiden, was ihm wichtiger ist – Statussymbole und finanzielle Abhängigkeit oder persönliche Freiheit und Unabhängigkeit. Für mich ist Freiheit die neue Währung!

Glück und Zufriedenheit haben für jeden von uns eine individuelle Bedeutung. Für den einen ist es gleichbedeutend mit der Rolex, dem Ferrari und täglichen Posts vom Golfplatz. Für den anderen bedeutet es, frei zu sein! Bob Dylan sagte einmal sinngemäß, dass Freiheit bedeutet, jeden Tag von morgens bis abends das tun zu können, was man will. Dem schließe ich mich bedingungslos an. Vor etlichen Jahren gab es einmal eine Zigarettenwerbung. Auf dem Bild saß jemand entspannt auf einem kleinen Holzsteg und hielt die Füße ins Wasser. Der dazu gehörige Text lautete: „Heute mache ich einmal, was ich wirklich will – nichts!“ Dem ist eigentlich nichts mehr hinzuzufügen. Was wir wirklich brauchen, sind mehr Leichtigkeit und mehr Lebensfreude im Leben! Living *can be* easy! Vor einigen Jahren hatte die Zeit begonnen, in der es keine Hochzeiten mehr in meinem Umfeld gab, sondern nur noch Trennungen und Todesfälle. Sollte so meine Zukunft aussehen? Nein, auf keinen Fall! Was hatte ich zu verlieren? Ein Leben in einem Land, in dem ich mich schon lange nicht mehr zu Hause fühlte.

Immer mehr genervte und unfreundliche Mitmenschen, Neid, Gleichgültigkeit den anderen gegenüber, fehlende Hilfsbereitschaft, zunehmende Anonymität, Ungeduld, Hektik, Stress, mangelnde Wertschätzung, Lärm, eine viel zu dichte Bebauung, ständig steigende Kosten, drohende Altersarmut, völlig überzogene

Strafgebühren, immer mehr Gesetze und Einschränkungen, Behördendenken und Politiker, die sich nur noch sich selbst verpflichtet fühlen – und dann noch das Wetter! Sollte ich mir das weiterhin antun?

Es hat lange gedauert, bis ich begriffen habe, dass ich über die Jahre viele Frustkäufe getätigt habe, nur um mich zu belohnen – für die viele Zeit, die ich vor dem Computer verbracht habe, anstatt etwas Schönes mit meiner Frau zu unternehmen. Ich musste mir wiederholt eingestehen, dass ich so nicht mehr glücklich war. Das Einzige, was feststand, waren immer weniger persönlicher Freiraum und eine immer größere finanzielle Abhängigkeit. Ursprünglich war ich aber in die Selbständigkeit gegangen, um *unabhängig* zu sein! Es war höchste Zeit, mir einzugestehen, dass ich innerlich mit Deutschland für immer abgeschlossen hatte.

Was mich lange gebremst hat, war die Tatsache, dass ich zwar wusste, dass ich die Richtung ändern muss, aber nicht wusste, in welche Richtung es gehen sollte. Mir war klar, dass es nur zwei Optionen gab. Entweder konnte ich weiterhin so leben wie bisher, durfte mich dann aber nicht beschweren, oder ich musste etwas tun!

Willst Du andere Ergebnisse, dann musst Du Dich ändern! Heute spricht man gerne von einem anderen *Mindset*. Ich finde, dass man seine Denkweise und seine Einstellung zu den Dingen ändern muss. Albert Einstein sagte einmal sinngemäß, dass es das Verrückteste sei, immer so weiterzumachen wie bisher, und gleichzeitig auf Veränderungen zu hoffen.

Ich war nie der Mensch, der einen bestimmten Ort als seine Heimat empfunden hat. Es gab einige Ortswechsel in meinem Leben, aber ich habe nie einen Ort vermisst. Für mich ist jede Veränderung gut, wenn ich sie als Verbesserung empfinde. Und Verbesserung ist nicht gleichbedeutend mit Vergrößerung oder mehr Luxus. Was sprach gegen einen Neuanfang? Der beste Zeitpunkt für jede Veränderung ist *jetzt* und aus meiner Sicht war es bereits 5 vor 12!

**Was brauche ich wirklich?**

Auch meine Frau fühlte sich seit geraumer Zeit nicht mehr wohl mit dem Leben in Deutschland und spielte mit dem Gedanken, ihre berufliche Tätigkeit zu beenden. Ich brauchte für meine Arbeit nur eine gute Internetverbindung und war somit ortsunabhängig. Uns stand alles offen, die Voraussetzungen waren ideal.

Also setzten wir uns zusammen und gingen das Gedankenspiel gemeinsam durch. Rückblickend kann ich voller Überzeugung sagen, dass es eine gute Entscheidung war, niemanden in unsere Pläne einzuweihen. Meist rät einem das gesamte Umfeld davon ab, auszuwandern. Und wenn man monatelang von allen Seiten bearbeitet wird, könnte man ins Schwanken kommen. Von „Schuster, bleib bei Deinen Leisten!" über „Aber wie wollt ihr im Ausland überleben?" bis zu „Das schafft ihr nie!" gibt es jede Menge Varianten. Die einen haben Angst, etwas zu verändern, und raten deshalb davon ab. Die anderen sind neidisch oder hadern mit sich, weil sie selbst nicht den Mumm dazu haben. Viele sind so sehr in ein Netz aus Zahlungsverpflichtungen verstrickt, dass es ihnen schlicht nicht möglich ist, ihr Leben zu verändern. Viele scheinen auch zu denken, dass es jenseits der deutschen Grenze keinen Strom mehr gibt und dass im Fall einer notwendigen medizinischen Versorgung keine Ärzte mehr existieren, sondern nur noch Medizinmänner. Wir haben Aussagen und Fragen gehört, über die man nur den Kopf schütteln kann.

Aber zurück zum eigentlichen Gedankenspiel. Zuerst stellte sich die Frage, wie unser künftiges Leben aussehen und wo es stattfinden sollte. Welches Klima vertragen wir? Welche Lebenshaltungskosten passen zu unserem Budget? Wie sicher ist es in dem Land unserer Wahl? Welche Versorgungsqualität wünschen wir uns und wie weit entfernt von Deutschland möchten wir überhaupt leben?

Grundlegend wollten wir so bald wie möglich auswandern, mehr Sonne und Wärme haben, in einem sicheren Land mit guter medizinischer Versorgung leben und aus privaten Gründen in Europa bleiben. Zusätzlich sollten die Lebenshaltungskosten niedriger und zugleich stabiler als in Deutschland sein. Es dauerte nicht lange, bis unsere Wahl auf Portugal fiel. Wir hatten das Land bereits im Urlaub kennengelernt und einigten uns schnell auf die Algarve. Dort zu leben, wo andere Urlaub machen, gefiel uns auf Anhieb.

Dann begannen gezielte Recherchen.

Wir entschieden uns für eine radikale Veränderung und wollten nur die Dinge mitnehmen, die wir wirklich benötigten oder die uns am Herzen lagen. Weniger Platzbedarf bedeutet auch geringerer Wohnraum und geringere Kosten, auch für den Umzug. Wir wollten nicht zu den Auswanderern gehören, die einen teuren Container mit Möbeln in die neue Heimat schicken, die dort neu viel günstiger erhältlich sind.

Aus meiner Sicht besitzt jeder von uns einfach zu viele Dinge. Früher hatte ein Mensch ungefähr 100 Gegenstände. Heute sind es 10.000! Wieviel von diesen Dingen brauche ich wirklich? *Weniger ist mehr!*

Erstmals bewusst geworden ist mir das bei einem meiner letzten Umzüge. Ich räumte den Keller aus und stellte viele Kartons von dort in den nächsten Keller, ohne dass ich etwas davon in den letzten Jahren benötigt, gesucht oder vermisst hatte. Im Gegenteil, ich fand bei diesen Aktionen Gegenstände, von deren Existenz ich überhaupt nichts mehr wusste! *Downsize your life* war angesagt!

Loszulassen war anfangs schwierig. Aber nachdem die Entscheidung für die Auswanderung endgültig gefallen war, wurde es leichter. Es war klar, dass wir uns von vielen Dingen trennen mussten, wenn der Umzug überschaubar sein sollte. Also stellten sich uns folgende Fragen:

- An welchen Gegenständen hängen wir? (Das kommt mit!)
- Welche Gegenstände brauchen wir wirklich und müssten sie sonst neu kaufen? (Das kommt auch mit!)
- Welche Gegenstände brauchen wir nicht wirklich? (Weg damit!)
- Was nutzen wir schon lange nicht mehr? (Weg damit!)
- Was gefällt uns gar nicht oder steht nur herum? (Weg damit!)

Nachdem dieser Teil geklärt war, kam die nächste Phase. Alles was nicht mitgenommen werden sollte, musste innerhalb kurzer Zeit irgendwie unter die Leute gebracht werden. Verkaufen ist eine Möglichkeit, die aber nur teilweise zum Erfolg führt. Unzählige Bücher haben wir über das Internet verkauft und ich habe nie so viele Inserate auf ebay aufgegeben wie zu dieser Zeit. Aber viele Gegenstände, auch in gutem Zustand, will niemand kaufen, auch nicht für kleines Geld.

Bleibt also spenden oder verschenken. Aber auch da bleibt meist sehr viel übrig. Wer denkt, dass ihm in der heutigen Zeit alles aus der Hand gerissen wird, der irrt sich gewaltig. Somit muss sehr viel entsorgt werden. Das tut mitunter wirklich weh, denn alles hat ja mal Geld gekostet. Aber soll ich deshalb Dinge mitnehmen, die ich nie benutze oder die mir überhaupt nicht gefallen? Soll ich nochmal Geld ausgeben, um diese Dinge einzulagern oder ein größeres Haus zu kaufen oder zu mieten?

Hier heißt es „Augen zu und durch". Für uns war das der Preis für die Auswanderung. Es ist auch ein Zeitfaktor – denn wenn man bei jedem einzelnen Gegenstand lang überlegt, dann wird man nie fertig. Also wurde sachlich entschieden und wirklich sehr viel entsorgt. In unserem Fall bedeutete das neben vielen Fahrten zum Wertstoffhof und diversen Sperrmüll-Terminen auch die Anmietung eines Zehn-Quadratmeter-Containers. Aber ab einem bestimmten Zeitpunkt machte das Entrümpeln definitiv Spaß und mit jedem Stück, das im Container landete, war ein weiteres Stück Altlast verschwunden. Je weniger übrig blieb, desto leichter fühlten wir uns.

Der nächste und alles entscheidende Punkt waren die Kosten. Wie hoch waren sie, um welchen Betrag könnten sie reduziert werden und wie hoch wären sie danach? Was könnten wir alles abbezahlen, verkaufen oder kündigen? Dann die nächste Frage: Wieviel Geld brauchen wir zum Leben? Das Ergebnis war natürlich ein entscheidender Faktor für die geplante Auswanderung.

Bleibt noch die Frage bezüglich der Einnahmen. Gibt es Passiveinkommen wie zum Beispiel Mieteinnahmen? Steht die Rente an oder vielleicht die Auszahlung einer Lebensversicherung? Mit wieviel zusätzlichem Geld kann ich rechnen, wenn ich Dinge verkaufe?

Bei einer Auswanderung realistisch zu bleiben ist unabdingbar. Niemand kann erwarten, dass er in einem anderen Land ankommt und dass dort alle auf ihn warten. Grundsätzlich sollte man von seinem vorhandenen Geld oder seinen laufenden Einnahmen leben können und nicht den Zwang haben, innerhalb einer bestimmten Zeit einen bestimmten monatlichen Betrag verdienen zu müssen, um überleben zu können. Es gibt genügend Menschen, die zu optimistisch waren und das später bereut haben.

Wenn man zusätzliche Einnahmen benötigt, so empfehle ich Rücklagen für ein ganzes Jahr. Es braucht Zeit, bis man sich eingelebt hat, die Sprache versteht und mit den Gesetzen und Regeln in der neuen Heimat zurechtkommt.

Sind all diese Punkte geklärt und ist man zu einem Ergebnis gekommen, mit dem man leben kann, dann steht der Auswanderung nichts mehr im Weg. Der nächste Schritt ist ein Detailplan, der festlegt, was wann gemacht werden muss, bis man in der neuen Heimat angekommen ist. Dann beginnt die Umsetzungsphase. Diese ist natürlich anstrengend, aber zugleich ungeheuer befriedigend, weil man laufend Veränderungen und Ergebnisse sieht. Wenn der Anfang erst einmal gemacht ist, dann kommt alles ins Rollen und macht trotz aller Anstrengungen Spaß und gute Laune. Man sieht, wie es vorangeht und ist hoch motiviert.

**Zurück zur Normalität**

Zu erkennen, dass man auch unverkrampft und ohne Sorgen leben und arbeiten kann, tut richtig gut. Fast mein ganzes Leben lang habe ich nur irgendwie funktioniert. Rückblickend musste ich mir jedoch eingestehen, dass ich ohne es zu merken immer völlig verkrampft war. Die Schultern hochgezogen, die Muskeln angespannt, überall Schmerzen. Egal, an welchem Ort ich mich befand – nie war ich locker und entspannt, jede Bewegung tat weh. In der schlimmsten Phase bekam ich Schweißausbrüche, sowie ich beim Kunden ankam. Dies war der Punkt, an dem ich mir sagte: „Bis hier und nicht weiter!“

Mein Leben darf auch einfach sein! Wer sagt, dass es schwer und anstrengend sein muss? Nur ich allein entscheide darüber und es ist völlig egal, wie andere Menschen darüber denken. Es ist ein Irrglaube, dass man nur dann Erfolg hat, wenn man jahrzehntelang im Schweiß seines Angesichts arbeitet und sich jeden Tag quält. Wie schon erwähnt definiert jeder *Erfolg* auf seine Art.

Für uns ist Erfolg gleichbedeutend mit Freiheit. Ich kann mir die Kunden aussuchen, die zu mir passen. Ich muss nicht mehr jeden Kunden annehmen, weil ich dringend Geld benötige. Ich kann es mir leisten, Kunden abzulehnen! Es ist kein Druck mehr da und ich genieße es!

Wir sehen uns nicht als Aussteiger, sondern eher als Umsteiger. Wir sind Realisten. Wir sind *Andersdenker*. Wir sind nicht die Menschen, die künftig am Strand oder irgendwo in einer selbst gebauten Hütte leben wollen. Wir lehnen diese Lebensweise nicht ab. Es ist einfach nicht unser Weg.

Für uns ist es grundlegend wichtig, nirgendwo Schulden oder finanzielle Verpflichtungen zu haben. Alles, was wir unser Eigentum nennen, ist bezahlt. Es gibt keine Ratenverträge oder Hypothekendarlehen. Niemand kann irgendwelche Konditionen verändern oder die Zinsen erhöhen. Ich habe seit Jahren keinen Dispositionskredit mehr und will ihn auch nicht. Nicht einmal mein Smartphone ist subventioniert. Ich brauche auch nicht jedes Jahr das aktuelle Model mit neuen Features, die ich ohnehin nie nutze.

Wir haben nur die nötigsten Verträge und Versicherungen und könnten alles kurzfristig kündigen. Lieber eine Nummer kleiner einsteigen als jemals wieder abhängig sein! Wir genießen das jeden Tag aufs Neue. Es ist unser persönlicher *Lifestyle*.

Kurz gesagt sollte unser Leben einfacher und leichter werden als es bisher war. Wir wollten es entschleunigen, und zwar für immer. Wir wollten zurück zur Normalität, denn rückblickend erschien uns das alte Leben als verrückt.

„Das Leben darf auch einfach sein", bedeutet auch, Abstriche zu machen. Aber wir leben nicht puristisch. Wir haben alles, was *wir* wirklich wollen und sind geheilt vom Wettbewerbsdenken. Wenn unser Nachbar ein größeres Auto kauft, dann müssen wir nicht dagegenhalten. Uns reicht unser Appartement mittlerer Größe. Wir müssen keine 150 oder 200 Quadratmeter Wohnfläche sauber halten. Wir haben schnell aufgeräumt und können dann ans Meer und an den Strand fahren. Wir haben eine normale Küche, normale Möbel und normales Geschirr – nicht vom Designer. Dafür tut es uns auch nicht weh, wenn mal ein Teller kaputtgeht.

Im Prinzip zieht sich das durch das gesamte Leben. Wenn wir mal sterben, landen wir alle in einem Sarg – egal, ob er aus Holz oder Marmor ist. Wofür also sollen wir unnötige Dinge horten? Wer weniger besitzt, muss sich auch um weniger Dinge kümmern und ist flexibler. Es gibt Menschen, die behaupten, dass ihr gesamter Besitz in einen Koffer passt. So weit gehe ich nicht. Aber alles, was mir wirklich wichtig ist, passt in ein Auto. Anders gefragt: Wenn Sie nur fünf Minuten Zeit zum Packen hätten – was würden *Sie* mitnehmen? Keep it simple!

Was bedeutet es, das Leben zu vereinfachen? Wir haben unseren Mindeststandard wie folgt definiert:

- Ein festes Dach über dem Kopf
- Ein paar Möbel
- Strom und Wasser, Bad und Küche
- Essen und Trinken
- Bezahlbare ärztliche Versorgung

Alles, was darüber hinaus geht, ist für uns Luxus. Zusätzliche Räume, ein Auto, ein Pool ... All das ist schön und zum Teil auch hilfreich, aber nicht lebenswichtig. Wenn ich Anschaffungen tätige, dann gilt für mich der Grundsatz der Verhältnismäßigkeit. Was habe ich von einem teuren, schnellen Cabrio bei 40 Grad im Schatten, schlechter Straßenqualität und einer erlaubten Höchstgeschwindigkeit von 120 km/h? Viel wichtiger ist es, ein zuverlässiges Fahrzeug zu haben, das den Bedürfnissen vor Ort entspricht und das überall gewartet werden kann.

Ebenfalls wichtig ist es, sich auf die neue Heimat einzulassen und sein Leben dort zu akzeptieren. Wenn der Autoverkehr anders funktioniert als gewohnt, dann ist das einfach so. Das gilt in allen Bereichen. Um Bekanntschaften zu machen und neue Freunde zu finden, ist es sinnvoll, die Sprache zu erlernen. Jeder freut sich, wenn ein Einwanderer sich bemüht und die Sprache lernt. Auch wenn es die erste Zeit holprig klingt! Kaum jemand mag Menschen, die seit zehn Jahren in einem Land leben und in der Landessprache nur „Prost“ und „Mahlzeit“ sagen können. Aber wenn man ehrliches Interesse zeigt, dann wird man herzlich aufgenommen.

**Endlich lebenswert leben!**

Seit dem Frühjahr 2021 leben wir nun glücklich und zufrieden in Portugal an der Algarve. Jetzt brauchen wir nicht mehr fünf Minuten bis zur Autobahn, sondern zwei Minuten bis zum Meer. Wir genießen jeden Tag. Wir lieben die Landschaft, die gute Luft, den Strand, das Rauschen der Brandung, das Essen und den Wein. Wir mögen die Entspanntheit der Menschen. Kurzgefasst haben wir uns zu 100 Prozent auf das *Abenteuer Portugal* eingelassen. Ach ja: Wir haben nach wenigen Tagen unsere Armbanduhren abgelegt und seltsamerweise ging in der ersten Woche unseres Neuanfangs der Wecker kaputt. Das konnte kein Zufall sein!

Natürlich gibt es auch hier jede Menge Bürokratie und auch die eine oder andere Herausforderung. Aber wir haben eine andere Sichtweise darauf. Wir arrangieren uns damit und finden immer eine Lösung. Wir entdecken das Land und freuen uns über viele, teilweise völlig belanglose Dinge. Wir liegen in der Sonne und genießen unser Leben und die Freiheit, jederzeit spontane Entscheidungen treffen zu können.

Ja, wir *müssen* nichts mehr tun. Der ewige Zwang ist endgültig Vergangenheit. Der Druck hatte mir die Luft zum Atmen genommen. Das hatte auch massive negative Auswirkungen auf meine Gesundheit. In der neuen Heimat gibt es das nicht mehr. Ich lebe hier völlig beschwerdefrei und ohne Medikamente – trotz Asthma!

In unserem Leben hat sich einiges verändert, auch in unserem Umfeld. Man merkt, wer weiterhin Freund ist, und wer sich plötzlich nicht mehr meldet. Wer nicht begreift, dass man auch ins Ausland telefonieren kann, der lässt es eben sein. Man lernt manche „Freunde“ plötzlich ganz neu kennen. Einige haben darauf gewartet, dass wir im Ausland scheitern und reumütig zurückkehren. Es gab Anrufe ehemaliger Nachbarn, ob wir die Auswanderung schon bereuen. Als wir geantwortet haben, dass es die einzig richtige Entscheidung war und dass wir niemals zurückkommen, war die Enttäuschung groß. Ein weiteres Nachhaken gab es nicht mehr. Neid und Missgunst kannten wir ja aus Deutschland zur Genüge. In der neuen Heimat bemerken wir nichts davon. Inzwischen helfen wir anderen Menschen dabei, in Portugal ebenfalls ihre neue Heimat zu finden.

In der Endphase in Deutschland war es äußerst amüsant, die Reaktionen unserer Mitmenschen zu sehen. Wenige fanden unser Vorhaben toll und haben uns zu unserem Entschluss beglückwünscht. Einige haben uns gesagt, dass sie selbst auch über eine Auswanderung nachdenken – allerdings erst irgendwann später. Andere wiederum haben wir regelrecht angesteckt mit unserem Projekt. Aber die Mehrzahl machte sich Gedanken über Dinge, über die wir selbst niemals nachgedacht hatten, und fand unzählige Gegenargumente. Viele waren auch mit dem Ablauf einer Auswanderung überfordert und fragten, wie das alles in den letzten Tagen funktionieren solle.

Als ich sagte, dass wir das gesamte Projekt in knapp sechs Monaten größtenteils ohne fremde Hilfe durchgezogen hatten und dass wir am letzten Tag in Deutschland morgens im Hotel auschecken, dann die Immobilie übergeben, danach mit dem Leihwagen zum Flughafen fahren, diesen dort abgeben und in den Flieger steigen würden, schüttelten sie nur mit dem Kopf und fragten, wie es dann in Portugal weitergehen würde, so ganz ohne alles und quasi vor dem Nichts. Auf meine Antwort, dass dort am Flughafen schon der neue Leihwagen wartet, wir damit ins Hotel fahren, bereits am Folgetag die Aufenthaltsgenehmigung erhalten, die Immobilienübergabe stattfindet, diverse weitere Formalitäten erledigt werden und weitere drei Tage später die Spedition das Appartement einräumt und im Prinzip damit alles erledigt ist, meinten sie nur, dass sie für so etwas *zu alt* sind.

Damit uns genau das nicht passiert, sind wir 2021 ausgewandert!

Eine exakte Planung ist die Basis für eine erfolgreiche, dauerhafte Auswanderung. Je besser sie ist, desto sicherer ist auch der Erfolg. Aber übergeordnet machen wir uns alle zu viele Sorgen um Dinge, die niemals passieren. Wie überall gilt auch hier die 80:20-Regel. Wer auf die perfekte Lösung wartet, erreicht sein Ziel nie und wird auch nicht auswandern. Wer entschlossen ist und auswandern möchte, kann gerne meine persönliche Checkliste anfordern.

Irgendwer hat einmal gesagt, dass das Leben wie eine lange Reise mit einem Zug ist. Man steigt ein und der Zug fährt ab. Manche Menschen begleiten uns, irgendwo steigt jemand aus, dafür steigt wieder jemand ein. Einige Menschen begleiten uns auf der gesamten Reise. Ich kann dem nur zustimmen und immer dann, wenn jemand ausgestiegen ist, habe ich gespannt darauf gewartet, wer als nächster neu einsteigt. Dies ist gerade jetzt aktuell, da wir auf viele neue Menschen treffen.

Wir denken, dass unser Zug noch lange weiterfährt. Niemand kann in die Zukunft schauen. Vielleicht steigen auch wir noch einmal um. Eine Rückreise wird es jedoch nicht geben!

Ihr André M. Richter

## Verena Strass

Bild Verena Strass (Bildrechte: Verena Strass)

Verena Strass absolvierte ihre Musicalausbildung an der „Associated Board of the Royals Schools of London“ in Kooperation mit einer deutschen Musikschule. Zusätzlich nahm sie Schauspiel- und Tanzunterricht, somit war der Weg für die ersten Musicals geebnet. Sie spielte in der AMS Produktion „Der kleine Horroladen“ die Ronette und in „Simba, der König der Löwen“ die Nala. Die nächsten 15 Jahre stand sie in unterschiedlichen Musical Highlight Tourneen durch Deutschland als Solistin auf der Bühne.

Im Ausland arbeitete sie als Live-Sängerin in einem großen Hotel und war eine Saison im Movie Park Germany als Sängerin und Schauspielerin zu sehen. In den letzten 10 Jahren arbeitete Verena zusätzlich als Moderatorin und performte eigene Shows bei Firmengala, Stadtfesten, Messen, Einkaufzentren und Sportjubiläen.

2017 hatte sie die Ehre, bei der Boxweltmeisterschaft im Mittelgewicht die Nationalhymne für Deutschland zu singen.

## Musik des Lebens

*„Alle Erfahrungen machen Dich zu dem Menschen, der Du bist, aber behalte die nur guten in Deinem Herzen."*

Im Irish Pub geht es zu wie in einem Bienenstock. Die Stimmen und Gespräche von den Gästen vermischen sich zu einem lauten Wirrwarr aus Gemurmel und Gelächter. Es ist ziemlich warm in dem kleinen Raum und der Geruch von Bier steigt mir in die Nase. Neben mir stoßen zwei Iren mit ihren Gläsern an. Hier wird heute gefeiert und Spaß gehabt. Wer durch die Tür reinkommt, ist direkt in dieser Atmosphäre gefangen. Doch auf einmal wird es etwas ruhiger. Ich höre meinen Namen wie durch Watte gerufen und spüre die Blicke der Gäste auf mir.

Die ersten Töne der Musik erklingen und mein Herz rast. Hier stehe ich also im Irish Pub in Düsseldorf und singe beim Karaoke Whitney Houstons „I will always love you". Ich versuche mich zu beruhigen und führe mit zitternder Hand das Mikrofon zum Mund. Die anderen Gäste trinken ihr Bier, schauen mich erwartungsvoll an, aber sie denken vermutlich: „Mal sehen, ob sie den Ton trifft, es wird sicher sehr amüsant." Das alles geht mir in Sekunden durch den Kopf. Ich blende komplett die anderen Gesichter wie durch eine

Nebelwand aus und spreche mir innerlich Mut zu: „Sing einfach nur für dich, es wird dir helfen.“ Ich atme tief ein und als die ersten gesungenen Sätze aus meinem Mund kommen, fühlt es sich an wie eine Mischung aus unerträglichem Schmerz und Heilung durch die Musik. Kann es sein, dass zwei verschiedene Gefühle so dicht beieinander liegen? Kurz vor dem Schluss des Liedes höre ich einen Mann sagen: „Wie kann ein Mensch denn so traurig singen, wer hat sie nur so verletzt.“ Ich sehe, wie er sich verstohlen eine Träne wegwischt.

Im Leben läuft es nicht immer so, wie man es sich wünscht. Aber zum Glück weiß man vorher auch nicht, wie viele Tiefen man gleichzeitig mitmachen und ertragen kann, sonst könnte ich meine Geschichte jetzt vielleicht nicht erzählen.

Die Musik war schon immer ein Teil meines Lebens. Als ich nach meiner Musicalausbildung versuchte, mir etwas Künstlerisches aufzubauen, kam ich mit vielen Sängern und Sängerinnen in Kontakt. Ich war seit ein paar Jahren verheiratet und wir hatten gerade eine eigene schöne neue Wohnung gekauft. Ich hatte zusätzlich noch einen Bürojob als Sicherheit für Miete und Krankenversicherung, neben meiner Leidenschaft für die Musik. Zwei wundervolle kleine Katzen bereicherten mein Leben und ich war, so dachte ich, glücklich. Als Herzmensch ging ich emotional in der Musik total auf und baute mir mit den neuen Gesangskollegen eine tolle Gruppe auf, mit der wir viel Spaß hatten. Es war ein komplett anderes Leben als mein Büroalltag, doch mein Mann konnte diese künstlerische Seite von mir nicht verstehen oder akzeptieren. So ging es eine Zeitlang und ich merkte, dass wir nicht ein gemeinsames, sondern zwei getrennte Leben nebeneinander führten. Ich hatte daher öfter Zweifel, ob es das Richtige war. Denn manchmal macht es keinen Sinn, bei jemandem zu bleiben, den man sehr liebt, wenn man sich voneinander entfernt hat. Also lebte ich allein meinen Alltag weiter.

Dann traf ich „ihn“, einen sehr gutaussehenden begabten Künstler, über eine Freundin, mit der ich öfter zusammen sang. Ich nahm ihn am Anfang gar nicht so wahr, aber er hatte das gewisse Etwas. Wenn er den Raum betrat, war er für mich eine Mischung aus einem Prinzen und einer Raubkatze, die mich faszinierte. Aber gleichzeitig wusste ich in meinem Inneren: „Wenn er dir dein Herz stiehlt, dann ist es für immer und es ist gefährlich.“ Er hatte diese wundervollen blauen Augen, braune Wuschelhaare und eine Nase, die ihn etwas verschmitzt aussehen ließ. Als Schauspieler wusste er nicht nur geschäftlich, sondern auch privat, wie er andere Menschen in seinen Bann ziehen konnte.

So gründeten die Freundin und ich mit zwei anderen eine Band und ich war immer öfter in seiner Nähe und fühlte mich mehr und mehr hingezogen zu ihm. Er hatte diese charakterliche Art, sich interessant zu machen, aber einem immer nur so viel Nähe zu gestatten, dass man ihn nie an sich binden konnte. Das war ein faszinierendes Spiel und da ich mich allein fühlte, ließ ich mich darauf ein.

Als wir ein Fotoshooting für unsere Werbung gemacht hatten und ich das Bild bewusst anschaute, fiel mir das Strahlen in meinen und seinen Augen auf. Ich nahm dieses Leuchten wahr, das man hat, wenn man frisch verliebt ist, oder einfach nur glücklich ist und von innen heraus strahlt. Es gibt Menschen im Leben, in die man sich so sehr verlieben kann, dass man alles für sie tun würde, ohne mit dem Verstand wahrzunehmen, dass es nicht richtig ist. Es gehört viel Mut dazu, Veränderungen an seiner Situation vorzunehmen, wenn man wie ich so ein bodenständiger Mensch ist. Mein Mann und ich hatten uns weit auseinandergelebt und mein Bauchgefühl sagte mir: „Wenn du einen anderen Menschen so sehr liebst, dass du für ihn alles geben würdest, dann ist etwas in deiner jetzigen Beziehung falsch und du solltest sie fairerweise beenden, damit der andere auch wieder glücklich werden kann."

Also fasste ich einen Entschluss, der mein ganzes Leben veränderte. Ich ließ mich scheiden. Es war ein langer steiniger Weg mit vielen Emotionen, aber ich wollte ihn nicht wieder abbrechen. Alles in mir mit jeder Faser meines Körpers wollte diesen neuen Mann haben. Doch die Scheidung war nicht die einzige Odyssee, die ich mitmachen sollte.

Ich ließ alles zurück und fing bei null an, damit mein Exmann die Wohnung allein weiterfinanzieren konnte. Ich hätte damals nie gedacht, wie leichtsinnig diese Entscheidung war. Was man alles brauchte in einem Haushalt, konnte ich mir nicht im Ansatz vorstellen. Über einfache benötigte Mittel wie Handtücher, Töpfe, Besteck, Handfeger, Staubsauger, bis hin zu den kleinsten Produkten. „Hast Du mal einen Flaschenöffner?" Es gibt so viele Dinge zu kaufen, dass man sehr schnell auf tausende Euro Schulden kommt. Also saß ich in einer neuen Wohnung allein mit einem Schuldenberg, den ich erst einmal abarbeiten musste. Als großer Tierliebhaber ließ ich schweren Herzens meine geliebten Katzen zurück in ihrer vertrauten Umgebung, um das Geschwisterpaar nicht zu trennen. „Angel" war mein Herzenskater, mit ihm habe ich „I will always love you" gesungen. Wenn ich glücklich oder traurig war, begleitete er mich immer, beruhigte mich mit seinem Schnurren. Seine warme weiche Pfote ließ mich den Stress vergessen, wenn er sie sanft auf meinen Arm legte. Er war ein Teil von mir und es fiel mir wahnsinnig schwer, mich von ihm zu trennen. Ich bin ein Mensch, der Veränderungen hasst, also saß ich abends in der von meinen lieben Freunden und mir notdürftig eingerichteten Wohnung mit Glühbirnen an den Decken, ohne Dekoration mit ein paar einfachen Möbeln für den Anfang. Und es war komplette Stille, es war so still, dass es bedrückend und bedrohlich auf mich wirkte.

Wer immer einen Partner neben sich hatte, kennt das Gefühl, wie es ist, wenn man plötzlich allein schlafen muss. Ich bekam die ersten Nächte kein Auge zu. Mir fehlten mein Partner, meine Katzen, mein Tagesablauf und eine liebevoll eingerichtete Wohnung, die ich mein „Zuhause" nennen konnte. Ich war natürlich nach kurzer Zeit mit den Nerven am Ende und die Tränen flossen in Strömen. Dazu kam noch die finanzielle Angst, alles allein zu stemmen. Zu zweit hatte ich ja immer einen Halt.

Bei meinem Einzug in die neue Wohnung wusste ich nicht, welcher jahrelange Psychoterror mir noch zusätzlich bevorstand. Es gibt die Sorte von Nachbarn oder Vermietern, die man seinem ärgsten Feind nicht wünscht – erst recht nicht mit einem sehr empfindlichen Nervenkostüm. Die Eltern der Vermieterin lebten unter mir und ihr Tag bestand darin, Regeln aufzustellen und zu überwachen. So lauerte mir die ältere Frau öfter im Treppenflur auf, wenn ich müde von der Arbeit kam und mir wieder viele Gedanken im Kopf herum gingen. „Sie haben ihre Wäsche im Keller falsch herum aufgehängt, die Socken müssen nach vorne." Da sie immer ihre völlig verdreckten Fahrräder unter meinen Leinen abstellte, wäre die Wäsche sowieso gleich wieder dreckig gewesen. Zudem platzierte sie einen Blumenkübel direkt hinter meinem Auto an meinem Stellparkplatz, damit ich ihn natürlich jeden Tag beim Ein- und Ausfahren rammen konnte. Sie und ihr Mann waren auch extrem geräuschempfindlich, also war Fernsehgucken nur ganz leise möglich. Telefonieren nach 22 Uhr war ein Drama. Sofort stand sie wie eine Furie im Treppenhaus und fing mich nach der Arbeit ab mit den Worten: „Ich habe ihre Stimme gestern Abend gehört. Sie haben einmal nach 22 Uhr gesprochen." Die kalte schlecht isolierte Wohnung passte perfekt zu der Stimmung im Haus. Ich wagte es, zu fragen, warum bei Schnee die Heizung nicht höhergestellt würde. Prompt kam von der alten Frau: „Es scheint doch die Sonne, da reagiert der Regler natürlich nicht." Gespräche mit der Vermieterin vermied ich, wenn es irgendwie ging. Das Sprichwort „Der Apfel fällt nicht weit vom Stamm" ergab plötzlich Sinn für mich. Auf die vorsichtige Anfrage, dass mir immer kalt ist und sie vielleicht nicht so schnell friert, wurde ich sofort angebrüllt: „Meinen Sie damit, ich sei fett???"

Die Tage mit meinem „Prinzen" waren wunderschön, aber er war sehr häufig quer durch Deutschland und im Ausland beruflich unterwegs und es entwickelte sich eher eine Fernbeziehung daraus. Zudem wusste er, wie empfindlich ich war, und machte mich bei seinen abendlichen Telefonanrufen eifersüchtig. Das gab mir jedes Mal einen Stich ins Herz. Wenn er in meiner neuen für uns extra ausgesuchten Wohnung zu Besuch war, stand meine Nachbarin schon am Eingang mit einem Besen in der Hand, wahrscheinlich Teil ihrer Corporate Identity, und blökte ihn an: „Ich habe ein Sparschwein aufgestellt, falls sie mal das Klo benutzen, für zusätzliche Abwasserkosten." Wenn ich nicht so angreifbar gewesen wäre, dann hätte ich damals vermutlich über die Art der Frau gelacht. Mein Prinz war genervt von diesen Zuständen und kam immer seltener zu Besuch.

Da ein oder zwei Unglücke nicht allein kommen, ging mein Wagen durch eine falsch eingebaute Standheizung – ein früheres Weihnachtsgeschenk vom meinem Ex-Mann – plötzlich kaputt.

Wenn Sie denken, Sie hätten schon viel über defekte Wagen gehört, kennen Sie meine Geschichte nicht. Plötzlich ging beim Fahren eine rote Warnleuchte an für das Überhitzen des Motors. Also fuhr ich an die Straßenseite, wartete auf den Abschlepper und nahm dann in der Werkstatt einen Leihwagen. Beim ersten Mal dachte ich mir: „Kann ja passieren, aber da kommst du auch noch durch." Nach dem 26. Mal abschleppen und 44 Werkstattbesuchen lagen meine Nerven blank und der Abschleppdienst meinte zu mir: „Zünden Sie die Karre besser an." Ein Gesangskollege hatte eine zündende Idee. Es gäbe eine kleine Werkstatt in Duisburg und die könnten mir einen günstigen Austauschmotor besorgen. Also fuhr ich zwischen Bürojob und Auftritten abends zu dem Händler, um alles zu arrangieren. Als alleinstehende Frau witterte er leichte Beute und baute mir einen kaputten Motor ein und steckte die 1300 Euro dafür ein. Das Geld sah ich natürlich nie wieder. Also alles auf Anfang und ab zu einem anderen Händler im Ruhrgebiet. Dieses Mal war ich aber vorbereitet. Ein Fernsehmagazin drehte gerade einen Bericht über Autoreparaturen und ich dachte mir: „Mit einem Kamerateam kann ja nicht viel passieren." Ich war bereit, einen neuen Austauschmotor zu holen, als das Kamerateam am Eingang des Geländes sagte: „Da gehen wir nicht mit, die sind gefährlich, haben wir recherchiert." Ich ging den Weg einfach allein und mir kam ein dreibeiniger Hund entgegen. An ihn erinnere ich mich noch gut, manche Dinge prägen sich im Leben ein. Ich dachte zunächst, das ist ein Zeichen, wer weiß, was der Hund falsch gemacht hat. Ich erfuhr dann von dem Besitzer, dass er in eine Maschine gefallen war. Als Tierliebhaber tat mir das kleine Kerlchen unendlich leid. Ich bekam meinen Austauschmotor und zwei Tage nach dem Einbau gingen alle Warnblinkleuchten in meinem Auto an wie bei einem Lichterkonzert. Ich hätte schreien können. Aber was sollte ich machen? Also nochmal 2500 Euro weg und eine eingeschränkte Mobilität, die ich aber dringend brauchte für meine Arbeit, Auftritte, Freund besuchen. Es war sehr schwierig.

Nachdem ich zum wiederholten Mal zu spät ins Büro kam, stellte mich mein neuer Chef vor ein Ultimatum. Ich sollte mir einen zuverlässigen Wagen kaufen oder ich würde meinen Job verlieren. Ich ließ mich auf einen Firmenwagen ein, den ich finanziell überhaupt nicht stemmen konnte, und musste mir eine dritte Tätigkeit suchen.

In der Woche war ich mit 40 Stunden plus zwei Stunden Autofahrt eingespannt, dazu bereitete ich neue Auftritte fürs Wochenende vor. Also blieben noch ein paar Abende, an denen ich als Kerzenberaterin Produkte verkaufte, ein High- „Light“ in meinem Leben. Denn ich kam raus, war abgelenkt von meinem Problem und war fleißig genug, die Schulden wieder loszubekommen, zwar sehr mühselig, aber kontinuierlich. Jeden Abend fiel ich spät erschöpft ins Bett.

Mein Herz und meine Seele litten, denn mein Prinz veränderte sich von Tag zu Tag. Er war nicht mehr nur „Charming“, sondern wollte nicht zusätzlich durch meine Probleme belastet werden. Wahrscheinlich hatte ich durch meine rosarote Brille diese Charaktereigenschaften bisher nicht bei ihm gesehen. Wo mein Leben jetzt auf dem Kopf stand und ich seinen Zuspruch einfach gebraucht hätte, war er zunehmend schlecht gelaunt. Und dann kam der Tag, an dem er mir auch noch das Herz brach. Das letzte Stück Glück, das ich neben meiner neuen Situation, neben dem Stress auf der Arbeit, neben den Sorgen um das Geld und neben dem Ärger mit den höllischen Nachbarn noch hatte, wurde innerhalb eines Tages wie eine Kristallkugel, die man auf den Boden wirft, in Hunderte von kleinen Stücken zerschmettert. An diesem

Tag, als wir uns trafen, war alles wie immer. Wir kochten zusammen, küssten uns und dann schaute er mich mit ernsten Augen an und sagte trocken: „Ich kann nicht mehr länger mit dir zusammenbleiben." Für mich war es total unwirklich in dem Moment. Der Mann, für den ich so viel geopfert hatte, meine große Liebe im Leben, bei dem ich Herzrasen und Atemnot bekam und der alles um mich herum, wie ein Märchen erscheinen ließ, ging auf einmal aus meinem Leben. Ich brachte ihn noch zum Bahnhof, immer in der Hoffnung, dass es nur ein böser Traum sei, aus dem ich erwachen würde. Dass er sagen würde: „Ich habe es mir anders überlegt." Dass irgendetwas passieren möge, um es rückgängig zu machen. Wie alle mit gebrochenem Herzen weinte ich tagelang, hörte traurige Musik, hatte das Gefühl, ich könnte nicht mehr atmen, so sehr erdrückte mich die Situation allein in dieser neuen Wohnung ohne jemanden zum Reden, ohne meine Katzen, mit einem stressigen Bürojob, der einem keine Erholung oder Kraft geben konnte, und mit Menschen in meinem Umfeld, die einem Sprüche steckten wie: „Ach, ist er nur drei Jahre bei dir geblieben. Andere haben jahrelang einen Partner, du bist doch kein Teenager mehr."

Ich hatte zum Glück tolle Freundinnen in der Zeit, die sich stundenlang meine traurigen Gedanken anhörten, aufpassten, dass ich nichts Unüberlegtes tat, und mir finanziell zusätzlich unter die Arme griffen.

Dann fasste ich eines Abends einen Entschluss, der mein Leben verändern sollte. Ich bin froh, dass ich diesen Gedankengang hatte und nicht aufgab. Der Liebeskummer hatte mir meine komplette Lebensfreude genommen. Die Veränderungen mit all den gleichzeitigen schlechten Ereignissen hatten mich gelähmt. Ich musste mich entscheiden: Entweder würde ich aufgeben und dieses Leben nicht mehr weiterführen. Ich hätte es hier einfach beenden können und nichts hätte mehr weh getan, keine Sorgen um Liebe, Auto, Geld, Zukunft. Oder ich würde den schwierigen Weg gehen, nicht aufgeben und etwas ändern.

Menschen, die sich nicht in so einer Lage befinden, haben immer gut reden. Natürlich will man seinen Eltern und Freunden kein Leid zufügen. Aber niemand, der nicht selbst einmal in solch einer Notlage gewesen ist, die täglich und minütlich an den Nerven zerrt, weiß, wie einsam, wie verletzlich und wie hilflos man sich fühlt.

Ich schloss also an einem kalten dunklen Abend einen Pakt mit mir. Ich wollte ein Jahr bis zum gleichen Tag schauen, was ich verpasst hätte, wenn mein Leben an jenem Tag geendet hätte. Würde ich tolle Momente erleben, wäre ich froh, dass ich so weise gewesen war. Würde es noch schlimmer werden, hätte ich in einem Jahr immer noch die Chance, eine Entscheidung zu treffen.

Ich wurde jeden Tag aufs Neue überrascht, wie viele schöne Momente ich verpasst hätte. Die Schulden waren irgendwann beglichen. Ich zog bei meinen höllischen Nachbarn aus und es war Karma, dass ihr Sohn verbotenerweise am letzten Abend des Auszugs meinen Parkplatz blockierte und beim Ausparken den Blumenkübel umfuhr. Mein Chef war zufrieden, dass ich wieder pünktlich auf der Arbeit war, und ich war als Sängerin viel erfolgreicher als vorher, weil ich auf einmal Menschen mit meiner Stimme berührte. Ich hatte mehr Empathie, wenn mir jemand sagte, dass er sich gerade scheiden ließ oder Sorgen habe, weil das Auto nicht ansprang. Ich bin jetzt für kleinere Dinge im Leben wie ein laufendes Auto oder ein schön eingerichtetes Zuhause dankbar und ich lebe viel bewusster. Man kann die Zeit nicht wie ein Zauberer zurückdrehen und klar gehen mir Gedanken durch den

Kopf wie: „Du hättest einen Mann und vielleicht Kinder, ein tolles Eigentum“. Aber damals gab es einen Grund, warum ich diese Richtung einschlug, und vielleicht war es für mich wichtig und das ganze Elend notwendig, damit ich der Mensch werden konnte, der ich jetzt bin.

„Love you ... I will always love youuu ...“ Ein Teil von mir wird diese große Liebe nicht vergessen. Ich habe sie im Leben erlebt und ohne Liebe ist das Leben auch nicht lebenswert. Wenn ich den letzten Satz singe, denke ich mir: „Du hast es nicht verdient Prinz. Aber für meinen wundervollen kleinen Kater, der bei meinem Ex-Mann noch ein schönes Leben hatte, und für alle anderen, die mir gutgetan haben, ist dieses Lied.“

Die letzten Töne des Liedes erklingen und ich gehe mit einem Lächeln von der Bühne, denn ich habe es geschafft. Die Gäste jubeln, einer fällt vor mir auf die Knie und sagt aus Spaß: „Willst Du mich heiraten?“ Ich habe es geschafft, aus meiner Krise eine Kraft zu holen, die mir Emotionen ermöglicht, mit denen ich jetzt Menschen begeistern kann. Und wenn ich das kann, dann wünsche ich anderen Menschen auch von Herzen, dass egal, was passiert, und egal, wie schlimm es ist, auch schöne Momente im Leben kommen mögen. Schließen Sie diese zu Ihren Erinnerungen in Ihr Herz mit ein und werden Sie wieder glücklich. Stehen Sie zu Ihren Entscheidungen und lassen Sie sich von anderen Menschen und Situationen nicht Ihr Strahlen und Ihren Glitzer nehmen. Wo immer ich in Zukunft hingehe, werde ich daher ein bisschen Glitzer hinterlassen, damit ich ein Teil von den Menschen bin, die die Welt etwas schöner machen.

Ihre Verena Strass

## Doris Tauber

Bild Doris Tauber (Foto: Jan Hemmerich)

Doris Tauber ist Mutter von zwei erwachsenen Kindern und Omi von fünf Enkelkindern. Sie hat einige Jahre in den USA gelebt und arbeitete nach ihrer Rückkehr viele Jahre bei einer großen Pharmafirma als Teamassistentin und Projektplanerin. Sie unterrichtet Englisch Konversation an der Abendschule. In ihrem Unterricht hat auch das Improvisationstheater einen Platz gefunden, da sie gemerkt hat, dass diese Art von Unterricht durch die Atmosphäre, die dabei entsteht, die Schüler mitreißt. Seit ihrem letzten Wendepunkt, der Trennung von ihrem Ehemann, arbeitet sie auch als Komparsin, Kleindarstellerin und Best Ager Model.

Langeweile gehört nicht zu ihrem Wortschatz.

## Alter ist keine Ausrede

*„Es ist das Ende der Welt", sagte die Raupe.*
*„Es ist ein neuer Anfang", sagte der Schmetterling.*
*(Autor unbekannt)*

In meinem Leben gab es einige Wendepunkte, positive sowie auch negative. Aber der markanteste Wendepunkt war der, von dem ich in diesem Buch berichten möchte. Warum? Dieser Wendepunkt passierte in einem Alter, in dem ich mein ganzes restliches Leben eigentlich schon fest geplant hatte. Kurz vor meinem 60. Geburtstag. Also zu einem Zeitpunkt, wo man nicht damit rechnet, dass man nochmal ganz neu, ganz anders beginnen wird. Es war nicht geplant und auch nicht gewollt. Äußere Einflüsse zwangen mich dazu, diesen neuen Weg einzuschlagen. Es kam schleichend und ja, ich hatte die Augen verschlossen und wollte nicht wahrhaben, dass nicht alles so war, wie ich es gerne glauben wollte.

Warum schreibe ich das auf? Ich weiß, dass ich durch das Schreiben Dinge sehr gut verarbeiten kann (Therapieschreiben?). Aber es gibt noch einen anderen Grund. Ich möchte anderen Menschen Mut machen. Es geht weiter und es kann positiv weitergehen, wenn man den Mut hat, sich ein neues „Vorne" zu suchen und es anzupacken, auch wenn man nicht mehr ganz jung ist. Mit dem neuen „Vorne" meine ich ein neues Ziel, oder auch eine neue Aufgabe, die nichts mehr mit dem alten Leben, so wie man es geplant hatte, zu tun hat.

Dabei habe ich auch ein Lied im Kopf von einem Sänger (Fish and Scale), den ich sehr schätze und dessen Musik ich sehr gern höre: „How to begin to write a story, when your world is empty and bleak?"

**Die Vorahnung**

Es war ein wunderschöner Maitag. Ich saß auf dem Balkon unserer Eigentumswohnung mit einer Tasse Kaffee. Vor mir ein Kirschbaum mit unzähligen rosa Blüten und im Geäst zwitscherten die Vögel. Es war noch still draußen, die Stadt war erst am Erwachen. Meine kleine Welt war für mich in Ordnung. Ein Mann, der mich liebt, zwei Kinder, zu denen ich einen innigen Kontakt habe, und mehrere Enkel. Finanziell war alles abgesichert, ein Haus, eine Eigentumswohnung. Alles fast abbezahlt. Wir beschäftigten einen Gärtner und eine Haushaltshilfe, da wir beide viel beschäftigt waren. Nach vielen Jahren harter Arbeit waren wir auch in der Lage, uns schöne Reisen zu leisten, ohne jeden Cent dabei umdrehen zu müssen. Ich hatte also keinen Grund, mich über irgendetwas zu beklagen oder unzufrieden zu sein. Die leise Stimme in meinem Kopf, die mir sagte, das kann doch noch nicht alles gewesen sein, unterdrückte ich erfolgreich. Gerade so, wie wenn man ein kleines Feuer erstickt, damit ja kein Großbrand entsteht. Ich war guter Stimmung an jenem Morgen und freute mich auf den Tag vor mir. Für mich deutete nichts darauf hin, dass mir wenige Stunden später meine kleine heile Welt komplett um die Ohren fliegen würde.

Der Vormittag war sehr arbeitsintensiv und am Nachmittag konnte ich zwei Stunden früher als gedacht nach Hause gehen. Auf dem Weg nach Hause machte sich in mir eine unerklärliche Unruhe breit. Ich konnte meinen Mann nicht erreichen, was sehr ungewöhnlich war. Es war Freitag und er hatte bereits um 13 Uhr Feierabend machen wollen. Als er dann abends nach Hause kam und ich ihn fragte, wo er gewesen sei, traf mich ein Blick, den ich nicht wirklich definieren konnte. Sein Adamsapfel hüpfte aufgeregt auf und ab. Da weiß man, nach 25 Jahren miteinander, dass etwas absolut nicht stimmt. Er gestand mir, eine Frau kennengelernt zu haben, in die er sich verliebt hatte. Wir redeten, diskutierten und stritten. Meinen Vorschlag, zu einer Eheberatung zu gehen, lehnte er vehement ab. Er liebe diese Frau und für mich wäre nur noch Freundschaft übrig. Das war der Moment, in dem alles ganz still in mir wurde. Ich hatte das Gefühl: Wenn ich jetzt weiterrede, demütige ich mich nur selbst.

Der Abend nahm seinen Lauf. Ich fühlte mich, als ob ich im Steinbruch gearbeitet hätte. Müde und ohne Energie. Ich sah natürlich auch die Traurigkeit in seinen Augen, gemischt mit Schuldgefühlen und auch eine Art Erleichterung, dass es jetzt ausgesprochen war. Irgendwann, als sich unsere Gespräche nur noch im Kreis drehten, beschlossen wir, ins Bett zu gehen. Er schlief schnell ein, ich hörte seine leisen Atemzüge, die sich innerhalb kurzer Zeit zu einem Schnarchen entwickelten. Wie immer und doch so anders. So nah beieinander und trotzdem meilenweit voneinander entfernt. Ich wurde wütend und überlegte, wer dieser Mensch an meiner Seite war. Und überhaupt, wie konnte er jetzt eigentlich schlafen? Ich drehte mich von einer Seite auf die andere. Schließlich stand ich auf und setzte mich wieder auf den Balkon und schaute in die inzwischen aufgehende Sonne. Es war ganz still draußen. Auch in mir war es ganz still, aber es war keine schöne oder beruhigende Stille. Es fühlte sich an, als ob ich gar nicht mehr am Leben wäre.

Als er wach wurde und sich angezogen hatte, fuhren wir nach Hause. Wir lebten zu dieser Zeit unter der Woche in einer kleinen

Eigentumswohnung nahe an seinem Arbeitsplatz und an den Wochenenden in unserem Haus. Ich legte den Wohnungsschlüssel mit einem leisen Klack auf den Schuhschrank und ging mit Tränen in den Augen durch die Etagentür. Ich wusste, dass ich diese Wohnung nicht mehr betreten würde.

Zu Hause angekommen wurde mir schmerzlich bewusst, dass auch dies nun kein Zuhause mehr war, jedenfalls nicht so, wie ich es kannte. Dieses Haus, das wir gemeinsam gebaut hatten, wo Liebe und Lachen die Luft erfüllt hatten, das Haus, in dem wir gemeinsam alt werden wollten. Ich musste mich hinlegen, da der fehlende Schlaf und auch der Alkohol der letzten Nacht mir zu schaffen machten. Meine Gedanken fingen an zu kreisen und ich kam nicht wirklich zur Ruhe. Meine Augen waren vom vielen Weinen geschwollen und ich hatte unerträgliche Kopfschmerzen. Er kam mit einer Tasche und einem Koffer ins Wohnzimmer und erklärte mir, dass er zunächst einmal in unsere Eigentumswohnung ziehen würde. Als er weg war, setzte ich mich mit einer Tasse Kaffee auf die Terrasse. Das erwies sich leider als keine gute Idee. Prompt fiel mir unser erstes Frühstück im neu angelegten Garten ein. Ich erinnerte mich, wie mir vor Freude die Tränen über das Gesicht gelaufen waren und ich kaum hatte glauben können, dass wir es so schön hatten. So viel hatten wir zusammen in unserem Leben geschafft. In meinem Kopf war immer nur: „Vorbei, vorbei".

**Keinen Boden unter den Füßen**

25 Jahre, fast die Hälfte meines Lebens, hatte ich mit ihm geteilt. Er war im Gegensatz zu mir ein eher ruhiger und bedächtiger Mensch. Wir hatten uns gegenseitig gutgetan. Ich hatte ihn in seinen Plänen und Träumen weitergebracht. Er hatte mich, wenn ich mal wieder allzu spontan gewesen war, zurück auf den Boden geholt.

Ich saß immer noch auf der Terrasse. Die Sonne wärmte meine Haut, aber mir war so kalt. Mir fielen so viele Dinge ein, die in den vielen Jahren miteinander passiert waren. So muss sich ein Mensch fühlen, dessen Tage gezählt sind und der sein Leben nochmal Revue passieren lässt.

Aus zwei kleinen Sozialwohnungen waren wir in eine schöne Vierzimmerwohnung gezogen. Wir heirateten und er adoptierte meine beiden Kinder. Von dort zogen wir in ein Reihenhaus und dann in unser eigenes Haus. Es war ein Ausbauhaus und wir verwendeten unseren gesamten Jahresurlaub auf den Innenausbau. Oft kamen die Kinder und halfen mit. Wochen über Wochen arbeiteten wir harmonisch Seite an Seite und freuten uns über jeden noch so kleinen Fortschritt.

Im Jahr darauf ließen wir einen wunderschönen Garten anlegen und fühlten uns einfach nur wohl. Die Monate wurden zu Jahren, wir hatten beide sehr gute Arbeitsstellen und verdienten auch sehr gut. Dann kamen zwei Ereignisse, die unser Leben nochmal richtig durcheinander wirbeln sollten.

Für ihn stand eine Versetzung an. Die Arbeitsstelle befand sich 90 Kilometer von unserem Zuhause entfernt. Da es eine leitende Position war, wollte er sie gern annehmen und entschloss sich, zu pendeln.

Bei mir wurde die Firma umstrukturiert. Zu diesem Zeitpunkt war ich 58 Jahre alt und das Unternehmen suchte nach Mitarbeitern, die bereit waren, Jüngeren Platz zu machen. Wir besprachen zu Hause, ob das eine Möglichkeit für uns wäre, wenn ich meine Arbeitsstelle aufgeben würde und wir uns eine Eigentumswohnung an seinem Arbeitsplatz suchen würden. Wir hatten uns überlegt, dass wir dann unter der Woche in der Eigentumswohnung und am Wochenende zu Hause leben könnten. Es war für uns beide keine Option, das Haus zu verkaufen und ganz wegzuziehen. Zumal die neue Stelle auch nur für circa fünf Jahre angedacht war. Die Eigentumswohnung wollten wir dann als Ferienwohnung nutzen oder vermieten.

Es fiel mir sehr schwer, meine Arbeit aufzugeben, da ich sehr gern dort gewesen war. Aber nach sorgfältigem Abwägen von Pro und Contra entschlossen wir uns dazu. Wir fanden auch sehr schnell eine kleine Zweizimmerwohnung, die wir dann kauften. Sie war neu renoviert und wir richteten sie uns schön ein. Ich fand dann auch einen Job auf 450-Euro-Basis, aber ich kam nie wirklich dort an.

Rückblickend würde ich sagen, mein Leben kam in dieser Zeit dort irgendwie zu einem Stopp. Ich konnte mich zu nichts mehr wirklich aufraffen, vermisste das Haus, mein soziales Umfeld, die Nähe zu den Kindern und meine alte Arbeit. In der Situation selbst war mir das nicht wirklich bewusst. Im Nachhinein gesehen denke ich, dass wir damals anfingen, uns auseinander zu leben. Ich wollte vor mir selbst nicht zugeben, dass ich nicht wirklich glücklich war, wollte aus allem das Beste machen. Als Folge davon nörgelte ich viel, vielleicht zuviel, an ihm herum und war innerlich einfach unzufrieden. Ich war nicht mehr die Frau, die voller Elan war und das Leben anpackte.

**Was ist das neue „Vorne" für mich?**

Die nächsten Tage und Wochen nach der Trennung waren damit ausgefüllt, Dinge zu regeln und ein Stück Alltag wieder zu finden. So musste ich einen bereits geplanten USA-Urlaub auf meine Tochter umbuchen, die gemeinsam geplante Geburtstagsfeier absagen und vieles mehr. Das war ziemlich schwierig. Mit dem Absagen der

Geburtstagsfeier musste ich natürlich auch unsere Trennung bekannt geben. Unsere Freunde und Bekannte waren fassungslos. Viele sahen uns als Traumpaar und keiner, wirklich keiner, hätte gedacht, dass wir uns jemals trennen würden.

Ende Juli war es dann so weit. Meine Tochter und ich flogen in die USA. Da ich dort vier Jahre lang gelebt hatte, besuchten wir dort auch Freunde und ich konnte ganz gut abschalten. Wieder zurück in Deutschland begab ich mich auf Wohnungssuche. Dabei wurde ich ganz toll von meinem Sohn unterstützt. Er schaute nach Objekten und begleitete mich bei den Besichtigungen. Ich wusste, dass es besser für mich wäre, das Haus zu verlassen. Mein Mann hatte mir zwar finanzielle Unterstützung angeboten, aber es fühlte sich nicht richtig an. Erstens war es nicht mehr das Zuhause, das ich gewohnt war, und zweitens wollte ich finanziell nicht von ihm abhängig sein. Ich wollte mit dem zurechtkommen, was ich selbst verdiente. Wir fanden dann auch eine unglaublich schöne Penthouse-Wohnung, die es mir leichter machte, aus dem Haus auszuziehen. Ich wohne bis heute dort und fühle mich sehr wohl.

Mit dem Einzug in diese Wohnung wurde mir dann nochmal so richtig bewusst, dass ich jetzt „Single“ war. Diese Zeit war schwierig. Mein Selbstwertgefühl war am Boden und ich entwickelte eine unnatürliche Gier nach Komplimenten und Anerkennung. Auf Komplimente von Männern reagierte ich nach außen hin eher verunsichert, nach 25 Jahren Ehe war ich auch im Flirten nicht mehr wirklich geübt. Innerlich aber saugte ich diese Komplimente auf wie ein Schwamm. Irgendwo sehnte ich mich nach Zweisamkeit, aber die Vorstellung, mich auf jemanden einzulassen, war mir dann doch unheimlich. Ich spürte einfach nichts. Keine Schmetterlinge, kein Herzklopfen, nur diese Gier nach Anerkennung, gesagt zu bekommen, dass ich eine tolle und schöne Frau bin. Alles nur, um an mich selbst glauben zu können. Gleichzeitig war mir aber auch bewusst, dass diese Anerkennung von außen nicht zum Ziel führen würde. In unzähligen Ratgebern stand, dass man sich selbst lieben müsse. Wie soll jemand anderer dich lieben, wenn Du Dich nicht selbst liebst? Aber wie bitte geht das? Auch war diese Angst in mir, mich zu öffnen, mich zu verlieben und wieder verlassen zu werden. Verlassen zu werden für jemanden, der in den Augen des anderen liebenswerter, schöner und attraktiver war. Es war ein ständiges Streben nach Bestätigung.

Es war eine Zeit voll innerer Unruhe. Wo wollte ich hin? Was war mein Ziel? Halt gaben mir meine Familie und meine Freunde. Sie waren für mich da und hielten zu mir, auch wenn ich nicht immer leicht auszuhalten war.

Anfang Oktober feierte ich meinen 60. Geburtstag. Fünf Monate nach der Trennung. Die Feier war sehr schön, ganz anders als geplant. Ich hatte meine Freundinnen eingeladen und der einzige Mann, der zugelassen war, war mein Sohn. Trotzdem gab es noch einen traurigen Moment, als ich wieder allein war. In all den Jahren hatten wir nach Festen immer zusammen aufgeräumt, hatten uns mit einem Glas Wein hingesetzt und den Abend noch einmal Revue passieren lassen. Das verursachte ein Gefühl von Wehmut und Einsamkeit. Aber das kennen wir ja alle. Wenn ein Mensch gegangen ist, aus welchen Gründen auch immer, sind Tage wie Geburtstage, Weihnachten, Silvester oder sonstige Feiertage erst mal schwierig zu überstehen.

**Ungeahnte Chancen**

Aus Oktober wurde November. In diesem Monat bekam ich einen Anruf, der mein Leben auf ungeahnte und nicht vorstellbare Weise verändern sollte. Eine liebe Freundin meldete sich bei mir und fragte mich, ob ich Lust hätte, zu ihrem Benefizkonzert zu kommen. Natürlich hatte ich Lust, hinzugehen! Sie hat eine wunderschöne Stimme und ich mag ihre ganze Familie so gern. Es sind wunderbare Menschen. Ich rief meine Schwester an und fragte sie, ob sie mitkommen möchte. Sie kam mit und der Abend war wunderschön und berührend. Ich kannte viele Leute und traf auf eine liebe Bekannte. Sie ist Amerikanerin und Fotografin. Sie sprach mich an und meinte, „Hey, Du siehst ja toll aus. Ich habe ein Fotostudio und es wäre super, wenn Du für mich modeln könntest." Ich schaute sie an und dachte, dass sie einen Scherz machte. Ich und modeln? Dieser Gedanke war mir völlig fremd. Aber ich hatte natürlich Feuer gefangen. Ja, das wäre schon was. Ich wusste in dem Moment nicht, wem ich etwas beweisen wollte. Mir, IHM oder vielleicht der ganzen Welt? Der Abend ging weiter und ich war von der Musik und dem Gedanken, zu modeln, wie gefangen. So richtig glauben konnte ich es noch nicht. Trotzdem schwebte ich auf Wolke 7, allein schon deshalb, weil mir so ein Kompliment gemacht worden war. Auch, weil es von einer Frau kam.

Im Dezember war es dann so weit. Ich fuhr zu meinem ersten Fotoshooting. Ich hatte einen ganzen Koffer mit verschiedenen Outfits dabei. Sie schminkte mich und dann fingen wir an zu fotografieren. Ich war sehr unsicher, wusste ja nichts von Posen und was ich so machen sollte. Aber sie war sehr geduldig mit mir und wir lachten auch viel. Ich wurde immer mutiger. Am Schluss hatten wir 220 Fotos gemacht. Es waren einige schöne Aufnahmen dabei und ich war sehr glücklich darüber.

Mit den Fotos bewarb ich mich dann bei einer Casting Agentur als Best Ager Model und Komparsin. Die Agentur meldete sich bei mir und bat mich, ein Vorstellungsvideo von mir aufzunehmen, weil sie sehen wollten, wie ich mich bewege und wie ich spreche. Das war mir ziemlich unheimlich, da ich mich nicht gern selbst sprechen höre.

Dann kam Weihnachten. Mein Sohn hatte mich eingeladen. Das erste Jahr nach 25 Jahren, an dem kein Geschenk meines Partners unter dem Weihnachtsbaum lag. Es war ein komisches Gefühl und ich musste auch weinen. Aber da die Kinder, Enkel, meine Mutter und meine Schwester da waren, war es dann doch noch sehr schön.

Silvester feierte ich mit meiner Schwester. Kurz vor Mitternacht kamen dann noch Freunde vorbei, um auf der Dachterrasse das Feuerwerk anzuschauen und um auf das neue Jahr anzustoßen. Der Moment, als sich die Paare küssten, war natürlich wieder schwierig. Ich schaute schnell weg.

Im Januar wurde dann das Haus verkauft. Der Makler, der auch ein Freund ist, hatte die Übergabe übernommen. Obwohl ich wusste, dass es die richtige Entscheidung war, hätte ich das nicht gekonnt. Es tat nochmal richtig weh.

Später im Monat rief mich die Fotografin noch einmal an und fragte mich, ob ich ein weiteres Fotoshooting mit ihr machen möchte. Eigentlich hätte ich zu diesem Zeitpunkt schon etwas mehr an mich glauben können, aber dem war leider nicht so. Mein Selbstwertgefühl als Frau war immer noch im Keller.

**So viel Licht am Horizont**

Anfang Februar kam dann ein Anruf von der Berliner Agentur. Sie fragten, ob ich für einen namhaften Sender in einer Dokumentation mitspielen könnte.

Ich sollte eine Millionärin aus München spielen, die umgebracht wurde und der ich sehr ähnlich sah. Ich war aufgeregt und lag die halbe Nacht wach. Konnte ich das? Traute ich mir das zu? Ich wusste es nicht, aber ich wollte es auf jeden Fall versuchen. Sie hatten mir sieben Szenen geschickt, die ich drehen sollte. Eine davon war auf der Maximilianstraße. Davor hatte ich richtig Angst. Die Öffentlichkeit, die Kamera, das war eine Vorstellung für mich, die mir Magenschmerzen verursachte. Im Nachhinein stellte sich heraus, dass ich genau bei der Szene den meisten Spaß haben sollte.

Der junge Mann, der meinen Mörder spielte, sagte mir, bei welchen Agenturen ich mich noch bewerben könnte. Die Arbeit am Set machte mir Spaß, es kamen dann auch von der neuen Agentur Anfragen und Buchungen. Zwar meist für Komparsenrollen mit etwas Spiel und ohne Text. Aber das war nicht so wichtig. Wichtig waren die Tage am Set und wichtig war auch, wieder ein Teil eines Teams zu sein. Zu der Zeit stand aber immer noch im Hintergrund die Frage, wem ich was beweisen wollte.

Im März flog ich für eine Woche zu einer Heiltherapie nach Israel. Eine Woche mit Delfinen schwimmen. Damit erfüllte ich mir einen Traum. Außerdem fing ich an, an zwei Abenden in der Woche Englisch an der Volkshochschule zu unterrichten.

Immer wieder kamen Anfragen zu Dreharbeiten für Krimis, Spielfilme, Quizshows und auch Werbung. Nur kleine Sachen, aber wie schon gesagt, die Tage am Set boten eine willkommene Abwechslung zu meinem Alltag. Im August flog ich mit meiner Schwester in den Urlaub nach Mallorca. Wir hatten uns für einen Workshop für Improvisationstheater angemeldet. Wir verstanden uns sehr gut und hatten wunderschöne und abwechslungsreiche

Tage. Ich bin sehr dankbar, dass meine Schwester und ich auf diese Art wieder näher zusammengewachsen sind.

Eine Sache gab es, die mich auch in Richtung Frau weiterbrachte. Wenige Wochen nach der Trennung meldete sich ein Bekannter bei mir. Er hatte von der Trennung gehört und wollte fragen, wie es mir gehe und ob er irgendwie helfen könne. Ich hatte ihn schon bei unserem ersten Treffen ziemlich attraktiv und interessant gefunden. Damals hatte ich aber nicht weiter darüber nachgedacht, da ich ja verheiratet war. Der telefonische Kontakt entwickelte sich schnell und nach kurzer Zeit hatten wir eine ziemlich leidenschaftliche Affäre. Es war schwierig, war er doch 13 Jahre jünger und mein Körper nicht mehr so knackig wie mit 30. Aber er nahm mir schnell meine Ängste und ich gewann zumindest ein bisschen von meinem Selbstwertgefühl zurück. Dadurch fühlte ich mich auch in meiner Rolle als Frau wieder wohler und konnte ganz bewusst genießen, wieder Frau zu sein.

**Fazit**

Das Leben ging weiter. Nach einem spontanen Türkeiurlaub mit meiner Tochter wurden bei mir durch Zufall zwei stumme Schlaganfälle entdeckt. Das machte mich sehr nachdenklich und mich beschäftigten zwei Fragen:

Einmal: Wenn Du jetzt gehen müsstest, könntest Du dann sagen, Du hast Dein Leben gelebt?

Und die zweite Frage: Was hat zu dem Aus in einer Ehe geführt, die im Grunde genommen sehr liebevoll gewesen war?

Zu Frage eins denke ich, dass ich auch mit über 60 Jahren noch mitten im Leben stehe und noch ganz viel Neues machen möchte. Ich hatte im August einen tollen Werbedreh für Zahnimplantate.

Dabei habe ich gemerkt, wie viel Spaß mir kommerzielle Werbung macht. Das möchte ich in 2022 auf jeden Fall weiter ausbauen. Die entsprechenden Schritte in diese Richtung habe ich bereits unternommen und mich bei verschiedenen Agenturen angemeldet, die mich auch in ihre Kartei aufgenommen haben. Dann hoffe ich, dass auch meine Arbeit an der Volkshochschule wieder Fahrt aufnimmt. Das Unterrichten und die Interaktion mit meinen Schülern ist interessant und macht mir viel Freude.

Frage zwei fällt mir etwas schwerer zu beantworten. Es gab einen Punkt, ab dem wir den anderen zu selbstverständlich nahmen. Ich bin der Meinung, dass dieses „sich nicht mehr wirklich um den anderen bemühen“ das Ende einer Beziehung bedeutet.

Jetzt sind es nur noch wenige Tage bis zum Jahreswechsel 2021/2022. Wo stehe ich jetzt? Corona hat natürlich auch mich eingeschränkt, aber ich habe auch viele schöne Tage erlebt. Ich habe neue für mich interessante und wertvolle Menschen kennengelernt. Daraus haben sich neue Freundschaften entwickelt. Dieses Jahr hatte ich auch einige Rollen als Kleindarstellerin (immer noch im kleinen Rahmen, aber mit ein oder zwei Sätzen) und einige Modelrollen. Es macht mir nach wie vor Spaß.

Das Thema Mann und Beziehung ist immer noch schwierig für mich. Irgendwie wünsche ich mir wieder einen Menschen an meiner Seite, habe aber das Gefühl, dass ich flüchte, wenn es enger wird. Ich arbeite daran und bemerke kleinere Veränderungen an mir.

Ich schaue aus dem Fenster und kann die schneebedeckten Schweizer Alpen sehen, die Berggipfel sind ins Sonnenlicht getaucht.

Ich freue mich auf das neue Jahr, auf neue Aufgaben, neue Herausforderungen, sowohl im beruflichen als auch im privaten Bereich, und auf eine Weiterentwicklung meiner Persönlichkeit.

Es ist schon viel geschafft und es gibt noch viel zu tun. Ich bin sehr dankbar, dass ich meine Lebensfreude und meinen Optimismus nie verloren habe. Die neuen Aufgaben haben mein Leben bereichert.

**SINCE OUR**

**YESTERDAYS ARE**

**GONE AND OUR**

**TOMORROWS ARE**

**NEVER PROMISED,**

**I WANT TO THANK MY**

**AMAZING FAMILY AND**

**ALL MY FRIENDS**

**FOR BEING IN MY LIFE**

**(Steven Atchison)**

Danke! Ihre Doris Tauber

# Heike Thissen

Bild Heike Thissen (Fotograf: Robin Heuser)

Heike Thissen (Jahrgang 1980) ist Journalistin, Texterin und Buchautorin. Sie arbeitet außerdem als Präventionsberaterin, Gesundheitscoach und Nordic Walking Instructor. Die gebürtige Allgäuerin hat Diplom-Journalistik und Amerikanistik in Leipzig studiert und noch während des Studiums im Südkurier Medienhaus in Konstanz volontiert. Heute vertrauen internationale Konzerne auf ihre Expertise, wenn es um gute Texte geht. Darüber hinaus unterstützt sie mehrere deutschlandweit bekannte Coaches dabei, die richtigen Worte für ihre Blogbeiträge, Newsletter, Workbooks und Social Media Posts zu finden. Und als Präventionsberaterin und Gesundheitscoach sorgt die dreifache Mutter mit ihrem Coaching, ihren Seminaren und Vorträgen außerdem dafür, dass Frauen und Mütter mehr Gesundheit in ihren Alltag integrieren. Sie lebt mit ihrer Familie in Konstanz am Bodensee und verbringt ihre Freizeit am liebsten mit Sport und Draußensein.

## Jeder schreibt seine eigene Geschichte

*„Folge der Freude. Aber gib Acht, wohin sie dich führt."*
*(Heike Thissen)*

Ich war schon immer gut darin, mir Dinge vorzunehmen und sie dann auch umzusetzen. Ich fand Leute toll, die nach dem Abitur ins Ausland gingen. Also arbeitete ich als Au Pair in Amerika. Ich hatte eine große Sehnsucht nach Leben in Norddeutschland. Also organisierte ich mir Praktika in Hamburg. Ich wollte eine Großfamilie haben. Also bekam ich drei Kinder. Seit ich denken kann, frage ich mich, was mich glücklich macht, und setze das dann um. „Folge der Freude" war schon mein Lebensmotto, lange bevor ich es überhaupt so in Worte fassen konnte.

Das war einer der Gründe, mich mit Ende 20 selbstständig zu machen. Meine kurzen Ausflüge in die Festanstellung hatten mich gelehrt, dass ich da oft Dinge tun muss, auf die ich keine Lust habe. Oder – noch schlimmer – vor denen ich so großen Respekt habe, dass sie mir den Schlaf rauben. Auf beides konnte ich gut verzichten. Also startete ich in meine Selbstständigkeit als Journalistin und Texterin, als unser erstes Kind ein Jahr alt war. Schon damals konnte ich mir nichts Schöneres vorstellen, als so zu arbeiten. Denn ich entschied ganz allein, welche Aufträge ich annehmen und wen oder welche Sache ich mit meinen Texten unterstützen wollte. Das führte dazu, dass ich ziemlich schnell ziemlich viel zu tun hatte. Alles Dinge, auf die ich große Lust hatte. Trotzdem ganz schön viele Dinge. Zu viele schöne Dinge.

**Immer der Begeisterung nach**

Mir passierte schnell das, weswegen Selbstständigkeit so verrufen ist:

Ich arbeitete selbst und ständig. Nicht, weil ich Angst vor leeren Auftragsbüchern oder finanziellen Druck hatte. Sondern weil es so viele spannende Projekte für mich gab. Das kam mir gar nicht schlimm vor. Ich hatte so unendlich viel Freude daran und bekam so viel positives Feedback. Erst recht, als ich begann, mit einer Kollegin Stadtführer zu schreiben. Innerhalb kurzer Zeit waren wir damit sehr erfolgreich. Ich war im Journalistenhimmel angekommen: Ich reiste in die schönsten Städte Deutschlands, traf viele spannende und heimatkundige Menschen für Interviews und schrieb im Anschluss die Geschichten auf, die sie mir erzählt hatten. Ein Traum! Ich folgte meiner Freude und wurde mit Erfolg belohnt. So, wie es in den vielen einschlägigen Ratgebern nachzulesen ist. Leider kam ich fast ausschließlich nach Einbruch der Dunkelheit dazu, meine Texte zu schreiben. Denn tagsüber war ich vollkommen damit ausgelastet, mich um meine zwei Jungs und meine Tochter zu kümmern. Das fand ich ok. Ich war der Meinung, ich könnte mich vor 22 Uhr sowieso nicht gut konzentrieren. In dieser Zeit arbeitete ich an 20 Stadtführern mit, schrieb ein Buch über Redewendungen mit, verfasste Beiträge für eine Krimiantologie, arbeitete für die Regionalzeitung und unterstützte Mittelständler aus der Region mit Texten für ihre Homepages, Flyer und Social Media-Auftritte. Jede Woche arbeitete ich im Durchschnitt für sieben bis 15 verschiedene Auftraggeber und hatte entsprechend viele Bälle in der Luft.

Sieben Jahre ging das gut. Das muss man sich mal vorstellen! SIEBEN JAHRE! Ist es nicht unglaublich, was Körper und Geist aushalten können? Auch mein Umfeld war sehr verwundert, was ich mir da zumutete. Natürlich wiesen mich mein Mann, meine Eltern, meine Freundinnen und alle, die es gut mit mir meinten, darauf hin, dass meine Ressourcen begrenzt waren und ich meine Bedürfnisse mit Füßen trat. „Du machst dich doch kaputt!“, sagten sie mir. Mir fiel nichts Besseres ein, als ihnen ins Gesicht zu lachen und zu sagen: „Was habt ihr denn? Läuft doch! Ich weiß schon, was ich tue“. Seufz. Natürlich jonglierte ich mit zu vielen Bällen. Das war mir schon klar. Meine Angst, einer von ihnen könnte herunterfallen, war riesig – auch, oder gerade, weil ich ausschließlich meiner Freude folgte. Ich arbeitete mit Leuten, die ich mochte, an Aufträgen, die ich zum Erfolg führen wollte. Ich wollte weder meine Auftraggeber enttäuschen noch ein Projekt gegen die Wand fahren.

**Ein toller Ratgeber für alle anderen, nur nicht für mich**

Ich war schon immer groß darin, anderen gute Ratschläge zu geben. Und ich meine das so, wie ich es schreibe: *gute* Ratschläge, nicht *gut gemeinte*. Ich kann das. Nennen wir es eine Gabe. Ich erkenne auf einen Blick, was mein Gegenüber ändern muss, um das Leben zu leben, das es sich wünscht. Mit mehr Zeit für die Familie. Mit einem Job, der Erfüllung bringt. Mit einem Hobby, das begeistert. Ich kann den Weg dorthin aufzeigen und in realistische Schritte unterteilen.

Nur wenn es um mich selbst geht, fehlt mir dieser messerscharfe Analyseblick. Mit hängender Zunge rannte ich damals also in einem Hamsterrad aus schönen Jobs und spannenden Kunden und dachte, das gehört so. Das ist eben der Preis, den ich zahlen muss, wenn ich mir drei glückliche Kinder, einen zufriedenen Mann, einen funktionierenden Haushalt und eine erfolgreiche Selbstständigkeit gleichzeitig wünsche. Wer viel vom Leben erwartet, muss eben auch einen hohen Preis zahlen. Erst die Arbeit, dann das Vergnügen. Blablabla.

Rückblickend finde ich es sehr erstaunlich, wie lange mir mein Körper die Stange gehalten hat. Wie lange er darauf gehofft und vertraut hat, dass ich schon irgendwann ein Einsehen haben würde. Dass ich irgendwann zur Vernunft kommen würde. Dass ich irgendwann wieder Partei für ihn ergreifen und mich um ihn kümmern würde. Vordergründig tat ich das zwar: Ging drei Mal die Woche joggen, bemühte mich um gesunde Ernährung, traf Freundinnen auf einen Kaffee, fuhr regelmäßig in den Urlaub (wenn auch immer mit einem Laptop und einer langen To-do-Liste im Gepäck). Tatsächlich aber trommelte ich wie ein Duracell-Häschen durch mein Leben – immer weiter und weiter. Zur Ruhe kommen? Durchschnaufen? Mal fünfe grade sein lassen? Nicht mit mir! Wenn mich jemand fragte, wann ich mich eigentlich ausruhte, sagte ich: „Warum denn ausruhen?“. Und ergänzte in Gedanken: „Schlafen kann ich auch noch, wenn ich tot bin.“ Da war wirklich nicht viel zu machen. Das musste dann auch mein Körper einsehen und entschied sich, mir Zeichen zu geben: Eines Morgens ertastete ich unter der Dusche einen Knubbel in meiner linken Brust.

### Der erste Schuss vor den Bug

Ich gehörte nicht zu den Frauen, die sich an die Empfehlung der Frauenärzte halten und regelmäßig und vor allem akribisch ihre Brüste abtasten. Und trotzdem fiel mir auf, dass da etwas Hartes zu fühlen war, was da nicht hingehörte. Ich wartete erst mal ab, ob es von allein wieder weggehen würde. Ging es aber nicht. Also fragte ich meine Ärztin, die erst einen Ultraschall machte und mich dann zur Biopsie in die Klinik schickte. Mir wurde eine Nadel in die Brust gerammt und eine Gewebeprobe entnommen. Wenig später das Ergebnis: Es handele sich um einen gutartigen Tumor, nichts Wildes, aber dennoch sollte man ihn entfernen. Vormittags lag ich unterm Messer, nachmittags saß ich wieder am Computer, mit einer unschönen Narbe auf der Brust, aber so weit ok. Ich war erleichtert, dass es kein bösartiger Krebs gewesen war, und machte weiter wie bisher. Das war im November 2017.

Im April 2018 ertastete ich wieder einen Knoten. Selbe Brust, selbe Stelle. „Schon wieder so ein blödes Ding", dachte ich, und wartete drei Monate, bis ich mich bei meiner Ärztin meldete. Ich hatte Besseres zu tun, als mich darum zu kümmern. Meine Bücher wollten geschrieben werden. Meine Kunden wollten Texten geliefert bekommen. Meine Familie wollte versorgt werden.

**Der zweite Schuss sitzt**

Als ich mich endlich mal aufraffte, nach dem Knoten sehen zu lassen, fand ich das alles furchtbar lästig. Und so hatte ich auch nur zehn Minuten eingeplant, als ich in der Praxis war, um das Ergebnis der erneuten Biopsie abzuholen. Ich wusste ja, was jetzt kommen würde. Und dann kam doch alles anders. Das wurde mir in dem Moment bewusst, in dem mich die Ärztin in ein separates Zimmer bat und die Tür hinter mir schloss. „Ich habe keine guten Nachrichten für Sie. Dieses Mal ist es bösartig", sagte sie. In meiner Erinnerung fehlen die Minuten, die daraufhin folgten. Als mein Gehirn wieder einsetzte, war mein erster Gedanke, weiter zu funktionieren. Jemand anders als ich würde unsere Tochter bei der Logopädin abholen müssen. Ich würde es in der kurzen Zeit nicht schaffen, diese Nachricht zu verdauen und anschließend lächelnd in der Praxis zu stehen und mein Kind in Empfang zu nehmen. Also rief ich unter Schluchzen meinen Mann an, der sich aus meinen Wortfetzen irgendwie zusammenreimte, dass meine Welt grade zusammengebrochen war. Zehn Minuten später stand er auf der Matte.

Was meine Ärztin uns zu diesem Zeitpunkt bereits zusichern konnte: Mein Brustkrebs war zwar bösartig, aber nicht aggressiv. Er wuchs nur langsam. Er hatte vermutlich noch nicht gestreut. Er würde sich voraussichtlich gut operieren lassen. Im Anschluss würde ich ein Medikament nehmen können, das mich vor Rückfällen schützen würde. Es gab Grund zur Sorge, aber keinen Grund zur Panik. „Sie kommen da lebend raus!“, versprach sie mir. Bis diese Info bei mir durchsickerte, vergingen einige Tage. Vor meinen Kindern tat ich so, als sei nichts. Hinter ihrem Rücken weinte ich mir die Augen aus, weil mir mit einem Schlag bewusstwurde, dass ich sie vielleicht nicht würde aufwachsen sehen. Dieses Zuschnüren der Kehle, dieses Aussetzen des Herzschlages, diesen Faustschlag in die Magengrube sollte keine Mutter spüren müssen.

**Wie geht es jetzt weiter? Wie immer!**

Als ich mich vom ersten Schock erholt hatte, fing ich an, mich zu orientieren. Was genau bedeutete die Diagnose eigentlich? Wie sahen meine Werte aus? Welche Optionen hatte ich? Es tat mir gut, mich systematisch durch diese Fragen durchzuarbeiten. Sie haben meinem Suchen einen Sinn gegeben und meinen Tagen eine Struktur. Mein Schwiegervater, Allgemeinmediziner von Beruf, bestätigte mir, was die Frauenärztin bereits gesagt hatte: Ich würde leben. Und zwar lange. Ich holte mir Meinungen von verschiedenen Seiten ein und bekam immer wieder dieselbe Einschätzung: Das war jetzt zwar doof, aber voraussichtlich nicht tödlich. Wir informierten die Kinder und alle, von denen wir wollten, dass sie Bescheid wissen. Ich fing an, mich zu entspannen.

Das gelang gut, solange ich mich von Social Media und der Klatschpresse fernhielt. Denn hier las ich immer wieder, dass Brustkrebs tödlich ist. Dass Stars und Sternchen binnen weniger Monate nach der Diagnose sterben, weil die Krankheit sich bereits auf den ganzen Körper ausgebreitet hat. Das machte mir Angst. Durfte ich mich wirklich in Sicherheit wiegen? Durfte ich davon ausgehen, dass alles gut ging? Durfte ich weiterleben? Aber so lange ich mich abschottete von Brustkrebsnachrichten, gelang es mir gut, mich auf mich selbst zu konzentrieren. Mir als Journalistin und Texterin half hier ein Bild, das zu meiner Passion passte: „Ich schreibe meine eigene Geschichte", wurde zu meinem Mantra. Andere bekamen andere Geschichten, ich bekam meine. Und sie würde ein Happy End haben. Denn ich schrieb sie mit, ich bestimmte, was in ihr passieren würde. Das war nicht nur ein Satz, den ich vor mich hinmurmelte, um mir selbst Mut zu machen. Das war meine tiefe Überzeugung. Ich wusste einfach, dass ich vertrauen durfte. Also machte ich erstmal so weiter, wie bisher. *Denn die Diagnose war noch nicht der Wendepunkt in meinem Leben gewesen.* Der folgte erst einige Wochen später.

**Und dann kommt doch alles anders**

Der Termin für die brusterhaltende Operation stand bereits fest, letzte Untersuchungen wurden im Uniklinikum gemacht. Da kam ein Arzt aus dem Tumorboard, das mich betreute, auf die Idee, vorsichtshalber doch noch ein MRT machen zu lassen. Irgendetwas kam ihm komisch vor an meinem Befund, den bisherigen Aufnahmen und dem Plan, meinem Krebs brusterhaltend zu Leibe zu rücken. Ich weiß bis heute nicht, wie er heißt und was genau ihn dazu bewegt hat, auf dem MRT zu bestehen. Aber ich bin mir ziemlich sicher, dass er mir mit seiner Eingebung viel Leid erspart – wenn nicht sogar das Leben gerettet hat.

Was beim MRT nämlich ans Licht kam, war, dass es nicht *einen*, sondern *zwei* Tumore in meiner Brust gab. Einen hatte ich tasten können, weil er nur wenige Millimeter unter der Haut lag. Der andere war so tief in der Brust verborgen und so knapp über dem Brustmuskel gewachsen, dass ihn bisher kein Ultraschall, keine Mammografie und keines der anderen Verfahren erfasst hatte. Dieser zweite Tumor wäre ohne das MRT vermutlich unentdeckt geblieben. Ich wäre brusterhaltend operiert worden und er hätte im Verborgenen wachsen, Metastasen bilden und mein Leben ruinieren können. *War das nun der Wendepunkt? Oh nein!*

Drei Tage, bevor mir meine Brust amputiert wurde – wegen des zweiten, tief liegenden Tumors war an eine brusterhaltende OP nicht mehr zu denken – saß ich nachts um 2 Uhr völlig fertig mit den Nerven am Rechner und schrieb an einem Stadtführer. Ich dachte, ich könnte ihn noch schnell fertigstellen, bevor die Ärzte das Messer anlegten. Und da endlich schlug die Erkenntnis ein wie ein Blitz: Vielleicht würde ich diese Operation nicht überleben. Vielleicht würde ich mich schon in 72 Stunden für immer von dieser Erde verabschieden. (Ja, ich neige zu Dramatik nachts um 2 Uhr, wenn mir eine lebensverändernde Operation bevorsteht ...) Mir wurde klar, dass ich gerade dabei war, bis zum Zeitpunkt der Vollnarkose die Ansprüche anderer zu erfüllen, anstatt das zu tun, was eigentlich grade gut für mich gewesen wäre. Schlafen zum Beispiel. Energie sammeln. Mit meinem Mann kuscheln. Ich war wie vom Donner gerührt! Und klappte den Laptop zu. Nie wieder, das schwor ich mir, würde ich so etwas zulassen. *Das war nun endlich der Wendepunkt.*

**Point of No Return**

Ich legte mich schlafen, verbrachte die Tage vor der OP mit meiner Familie und klärte mit meiner Kollegin und dem Verlag, dass meine Buchprojekte würden warten müssen, bis ich mich erholt haben würde. Natürlich nahm mir das niemand übel. Im Gegenteil. Die Reaktionen gingen eher in die Richtung: „Wir haben uns sowieso schon gewundert, dass du das so durchziehen willst. Natürlich brauchst du eine Pause. Ist doch klar!“. Ich war wieder mal die einzige gewesen, die dachte, sie müsste funktionieren wie ein Schweizer Uhrwerk.

Der Tag der OP kam. Ich war ruhig und voll im Vertrauen, dass alles gut gehen würde. Genau so war es dann auch. Meine Brustdrüse wurde entfernt, ein Implantat eingesetzt. Eine Woche wurde ich im Krankenhaus umsorgt und konnte schlafen, wann ich wollte. Ich meditierte viel und unternahm Spaziergänge in den nahegelegenen Wald. Meine Genesung, das fanden auch Ärzte und Krankenschwestern, verlief vorbildlich. Wegen der Mastektomie, also der Entfernung meiner Brust, brauchte ich weder Bestrahlung noch Chemotherapie. Ich war tatsächlich mit einem blauen Auge davongekommen. Ich nehme seither ein Medikament, das mich vor einem Rückfall schützt. Viele Brustkrebspatientinnen haben ihre Probleme damit, weil es starke Nebenwirkungen verursachen und Wechseljahrsbeschwerden mit sich bringen kann. Von beidem bin ich bislang verschont geblieben. Denn auch hier ziehe ich das „Ich schreibe meine eigene Geschichte“-Ding weiter durch: Ich tue, was in meiner Macht liegt, um mich vor Nebenwirkungen zu schützen. Und ich habe für mich beschlossen, dass ich zu den Frauen gehöre, die von ihnen nicht betroffen sind.

Dass ich rund um die Erkrankung eine derartige Persönlichkeitsentwicklung hinlegen konnte, verdanke ich in erster Linie meinem Mann. Da war kein „Ich hab’s dir doch gleich gesagt“

oder ein „Du bist selbst schuld. Das hast du jetzt davon“. Da war nur ein „Wir kriegen das zusammen hin“ und ein „Ich bin immer für dich da“. Er übernahm Aufträge von mir, die ich selbst in dieser Zeit nicht gestemmt bekam. Er kümmerte sich um die Kinder, wenn ich gerade wieder verunsichert war wegen einer dramatischen Brustkrebsgeschichte auf Facebook und keine Kraft für Fröhlichkeit hatte. Er ließ mich das Erlebte so verarbeiten, wie ich es für richtig hielt. Und auch meine Eltern packten vor allem rund um die OP mit an, übernahmen die Kinder und sorgten dafür, dass sie unbeschwert sein konnten.

**Lebenswendepunkt. Und dann?**

Jeder kennt diese Geschichten von Menschen, die nach einem Schicksalsschlag ihr Leben komplett umkrempeln. Die sich von ihrem Partner trennen, den sie bei genauem Hinsehen ohnehin nie geliebt haben. Die nach Hawaii auswandern, weil sie dort schon immer hinwollten. Die endlich ihrer inneren Stimme folgen und sich beruflich um 180 Grad wandeln. Das sind sehr beeindruckende Geschichten, die beim Lesen Gänsehaut verursachen. Doch ich brauchte keinen Neuanfang. Ich liebte meinen Mann. Ich liebte mein Leben am Bodensee. Ich liebte meinen Beruf. Ich sah keinen Grund, irgendetwas zu ändern – mal abgesehen davon, dass ich natürlich besser auf mich aufpassen musste. Das war selbst mir inzwischen klar geworden. Und trotzdem meldeten sich Zweifel: War ich gerade dabei, eine einmalige Chance in meinem Leben zu verspielen? Diese Krebserkrankung war mir doch nicht aus heiterem Himmel passiert! Das Thema triggerte mich. Also sah ich genauer hin. „Wenn ich in Zukunft alles sein könnte, was ich sein will: Was wäre ich dann? Wie wäre ich? Wie sähe mein Alltag aus? Womit würde ich mein Geld verdienen?“. Diese Fragen stellte ich mir und fand dabei heraus, dass tatsächlich vieles genau so bleiben durfte, wie es war. Trotzdem fragte ich mich: Was war es, was mich schon immer begeistert hatte? Was ist mir schon immer leichtgefallen? Worin war ich schon immer richtig gut – mal abgesehen vom Schreiben? Und mir wurde klar: Ich sorge gern dafür, dass es anderen gut geht. Und die Themen Gesundheit, Ernährung und Sport haben mich schon immer interessiert. Im Ratschläge geben bin ich auch große Klasse. Warum nicht all das zusammenbringen? Bis ich genau wusste, wohin die Reise gehen würde, vergingen noch einige Monate. Aber ich hatte mich auf den Weg gemacht und mein Auftrag in diesem Leben wurde mir nach und nach klar. Ich war offen für Ideen, Anregungen und Träume. Meine selektive Wahrnehmung spülte mir die Infos zu, die ich brauchte, um immer genauer den Weg festzulegen, der zu mir passen würde. Ich meldete mich zu einem Fernstudium zum Präventionsberater und Gesundheitscoach an und machte eine Ausbildung zum Nordic Walking Instructor.

**Das Lernen klappt am besten im Tun**

Anders als viele andere, die erst mit dem Coachen anfangen, wenn die perfekte Homepage, der perfekte Flyer und das perfekte Imagevideo vorliegen, legte ich danach einfach los. Wenn ich irgendwo Freude wittere, packe ich es an. Ich kann halt nicht aus meiner Haut, Krebserkrankung hin oder her. Doch ich bin umsichtiger mit mir und meinen Ressourcen geworden. Ich nehme mir Pausen im Alltag. Ich sehe zu, dass ich so selten wie möglich bis 23 Uhr arbeite. (Und ja, das ist ein Fortschritt, wenn man es gewohnt war, nächtelang bis 3 Uhr nachts am Rechner zu sitzen). Ich gehe oft vor 22 Uhr ins Bett. Ich lasse an den meisten Wochenenden den Laptop geschlossen. Ich sehe Familienurlaub nicht mehr als eine Zeit, in der ich endlich ungestört arbeiten kann, weil mein Mann sich um die Kinder kümmert. Ich höre in mich hinein und frage mich: „Was brauchst du grade? Was bringt dich grade weiter? Wie kannst du dir jetzt in diesem Moment etwas Gutes tun?“ Die Antworten darauf stellen sich mal schneller und mal langsamer ein. Aber sie kommen immer, ich muss nur manchmal geduldig auf sie warten. Ich folge also weiter meiner Intuition und lasse mich von ihr dahinführen, wo noch mehr Spaß, noch mehr positive Rückmeldung und noch mehr Erfüllung auf mich warten.

**Schritt für Schritt zu mehr Gesundheit**

Ich liebe es, andere in ein gesundes Leben zu begleiten und ihnen damit den mühsamen Weg über eine Erkrankung zu ersparen. Es erfüllt mich mit tiefer Dankbarkeit, dass dieses Wissen, das da seit Jahrzehnten in mir verankert ist und das ich auf mich selbst nie anwenden konnte, jetzt anderen dabei hilft, Schritt für Schritt mehr Gesundheit in ihren Alltag zu integrieren. Und ich bin gut in dem, was ich da tue. Ich staune immer wieder darüber, wie schnell sich bei meinen Klientinnen positive Effekte einstellen, wenn sie sich an meine Empfehlungen und Tipps halten. Woher ich das alles weiß? Teilweise aus meinem Fernstudium. Teilweise aus Büchern und Fachartikeln. Teilweise aus Gesprächen mit Experten. Manchmal habe ich aber auch Zugriff auf eine Weisheit und ein Wissen, das ich mir nicht erarbeitet habe. Es kommt aus meinem tiefsten Inneren und war irgendwie schon immer da. Aber es brauchte meine Krebserkrankung, bevor ich anfangen konnte, es wahrzunehmen und darauf zuzugreifen.

Führe ich seit meinem Lebenswendepunkt ein besseres Leben? Ganz ehrlich: Jein. Es ist ein tägliches Üben und an mir arbeiten. Mir ist völlig klar, dass ich nie wieder zurück will an den Punkt der völligen Überforderung wie in jener Nacht kurz vor der Operation. Aber es ist schwierig. Ich habe drei Kinder, die mich brauchen. Ich habe Kunden, die ohne mich nicht klarkommen (denke ich jedenfalls). Das Neinsagen gehört noch immer nicht zu meinen Stärken. Das gilt erst recht, wenn ein Kunde, den ich mag, mit einem Projekt auf mich zukommt, auf das ich Lust habe. Denn natürlich folge ich nach wie vor meiner Freude und Begeisterung. Was andere erst mühsam lernen müssen, fällt mir kinderleicht. Das ist großartig. Und hat mich dennoch fast ins Verderben gestürzt. Denn die beiden führen mich oft in Situationen, wo ich zu viele schöne Aufträge abzuarbeiten habe für die wenige Zeit, die ich zur Verfügung habe. Doch wenn ich mich jetzt dabei ertappe, dass ich mich blind an dem Schönen orientiere und mir zu viel aufhalse, pfeife ich mich selbst zurück und ermahne mich, realistisch zu bleiben, was meine Ressourcen angeht.

„Folge der Freude“, ist immer noch ein Motto, das ich für einen absoluten Erfolgsgaranten halte. Aber ich ergänze es inzwischen um den Zusatz „Aber gib Acht, wohin sie dich führt.“

Ihre Heike Thissen

## Carmen Uth

Bild Carmen Uth (Fotograf: Thomas Niedermüller)

Die diplomierte Ökonomin Carmen Uth, die viele Jahre im internationalen Vertriebsmanagement arbeitete, ist seit 2011 EmotionsCoach für Emotionsleadership®. Seitdem hat sie mit Ihrem Unternehmen chancemotion® zahlreichen Coachees geholfen, emotionale Blockaden zu lösen und in positive Handlungsstärke umzuwandeln.

Seit 2013 ist sie EmotionsJournalistin – sie entwickelte das neue Format EmoTalk® und interviewte hier bereits zahlreiche VIPs und Experten zu den Geheimnissen ihres Erfolgs.

Als EmotionsExpertin veröffentlicht sie zahlreiche Beiträge, unter anderem bei FOCUS Online, Perspektiven by DFK – Die Führungskräfte, ERFOLG Magazin. Vom ERFOLG Magazin wurde sie

2020 und 2021 als einer der 500 wichtigsten Köpfe der Erfolgswelt ausgezeichnet. www.chancemotion.de

## Ich habe 10 Hirntumore überlebt

*„Emotionen sind Energiefelder und Sie bestimmen, wie und wo sie wirken."* (Carmen Uth)

Alles war gut und schön im April 2019: Ein eigentlich traumhafter Tauchurlaub mit meinem Mann in Ägypten hatte begonnen. Wir hatten uns so sehr darauf gefreut – besonders auf die gemeinsamen Tauchgänge im Meer. Doch dazu kam es nicht, denn ein ungutes Gefühl und meine Intuition warnten mich, meinen Mann bei seinen Tauchausflügen zu begleiten.

Aber an seinem Geburtstag wollte ich ihn nicht allein aufs Boot lassen, sondern wenigstens mit ihm schnorcheln gehen. Da ich ein wenig aus der Übung war, probierten wir am Vorabend das Schnorcheln am hoteleigenen Hausriff aus. Ich war total fasziniert von den bunten Fischen und den Korallen, die ich so ganz nah und in leuchtenden Farben beobachten konnte. Auf dem Rückweg kam plötzlich starker Wellengang auf und da passierte es: Ich musste mich im Wasser mehrfach übergeben. Wäre das beim Tauchen passiert ...

Endlich aus dem Wasser und wieder im Hotel wollte ich diese beängstigende Erfahrung unter der Dusche nur noch von mir spülen. Doch hier packte mich plötzlich eine Art epileptischer Anfall, mein Körper verkrampfte. Ich war bewegungslos, konnte nicht mehr sprechen und nicht um Hilfe rufen. Dann wurde ich bewusstlos ...

Zum Glück fand mich mein Mann rechtzeitig und nach einer Wiederbelebung brachte er mich in eine Privatklinik. Doch dort konnte man mir leider nicht wirklich helfen. Trotz der Infusionen blieb ich über Stunden in diesem Horrorzustand, den ich keinem Menschen wünsche ... Hilflos dazuliegen, total verkrampft, komplett ausgeliefert, sich nicht verständlich für andere äußern können – und sich selbst immer wieder zu fragen: Komme ich aus diesem Zustand jemals wieder heraus?

Zurück in Deutschland ging ich sofort zum Hausarzt, dann zum HNO-Arzt und, als dort nichts gefunden wurde, schließlich ins MRT.

**Die Schock-Diagnose: Fünf wiedergekehrte Tumore! Was sollte ich jetzt nur tun, ...**

... als ich mich auf einem sehr schmalen Grat bewegte, der ein „Zurück“ unmöglich machte und ein „Vorwärts“ zu blockieren schien?

Erinnerungen kamen zurück, genau wie die Bilder der dunkelsten Zeit meines Lebens, als ich 2010 schon einmal durch die Hölle ging:

Schmerzen, Suizidalität bedingt durch schmerzdämpfende Medikamente, enorme Ängste, Wut, Hilflosigkeit und das lähmende Wissen, von der Hilfe anderer abhängig zu sein – sollte ich mir all das noch einmal antun?

Schon am nächsten Tag waren mein Mann und ich in der Heidelberger Uniklinik. Dort erfuhr ich, dass zwei Eingriffe notwendig sein würden, weil die Tumore an unterschiedlichen Stellen lagen.

Ich zog meinen Trumpf und holte mir erstmal Hilfe. Das war zu 100 % konträr zu meinem Verhalten in 2010, denn damals fiel es mir unendlich schwer, zu erkennen, dass ich Hilfe brauchte ... und noch viel schwerer, Hilfe auch anzunehmen!

Es war ein harter Kampf, die für mich richtige Entscheidung zu fällen: OPs ja oder nein?

Erst die Neurologin, die Epilepsie bei mir zum Glück ausschließen konnte, gab mir den entscheidenden Hinweis: Da ich genetisch bedingt an einer sehr seltenen Tumorerkrankung litt, hätte jederzeit eine Hirnblutung ausbrechen können. In so einem Notfall wäre ich völlig ausgeliefert gewesen: Ich hätte weder die Klinik noch den Arzt aussuchen können. Viel schlimmer: Ich wäre dann auf gar keinen Fall selbstbestimmt gewesen. Das war genau der Punkt, an dem für mich sofort klar war:

**Ich gehe es an. ABER NUR SELBSTBESTIMMT!**

In den folgenden zwei Wochen bis zur OP konnte ich mich mental und emotional völlig anders auf die Eingriffe vorbereiten, als dies noch 2010 der Fall gewesen war. Ich legte „einfach" die inneren Denk- und Fühlschalter um, indem ich die Energie meiner Angst und meine EmoPower® dafür nutzte, um mich voller Urvertrauen auf den Eingriff und die Zeit danach einlassen zu können.

Ich erinnerte mich an meine Genesungsjahre nach 2010. Sie waren geprägt von stetigen Fortschritten. Anfangs waren es nur winzig kleine Schrittchen, später ging es dann aber immer leichter. Genau diese Erfolge machte ich mir jetzt bewusst:

Wie schaffte ich es damals, dranzubleiben? An mir, meinem Mindset und EmoSet zu arbeiten? Meine Gedanken- und Gefühlswelt wieder auf eine gesunde Ebene zu bringen?

Den mächtigsten Antrieb gab mir damals mein Vorbild Viktor E. Frankl mit seinem Buch „... trotzdem Ja zum Leben sagen: Ein Psychologe erlebt das Konzentrationslager". Durch ihn und seinen unbedingten Willen, zu überleben, machte ich mir immer wieder bewusst, dass ich im Gegensatz zu ihm ja alles Wichtige hatte, um gesund werden zu können: ein schönes Zuhause, ein gutes Bett, Ärzte, Medikamente, keine finanziellen Sorgen – und meinen Mann.

Wenn es also Viktor E. Frankl unter katastrophalsten Bedingungen geschafft hatte, zu überleben, um dann das Gelernte an andere Menschen weiterzugeben, warum nicht auch ich?

Ich hatte diesen unbedingten Willen in mir, es auch zu schaffen, um danach anderen Menschen den Weg durch ihre Probleme und schwere Lebensphasen zeigen zu können und sie daran zu erinnern, dass es für JEDE Situation eine LÖSUNG gibt.

Natürlich hatte ich keine Ahnung, wie ich es schaffen sollte, aber ich trug ein unerschütterliches Urvertrauen in mir und scheute keine Mühe, um den notwendigen Wandel herbeizuführen, der mir meine Gesundheit zurückbringen würde. Mein Urvertrauen stärkte ich mit Spaziergängen in der Natur an der schönen grünen Nagold.

Dank meines ersten Hirntumors und damals als kranke, hilflose Frau – scheinbar ohne Zukunftsperspektive – begann ich, meine 5+ABS® Methode zu entwickeln. Sie ermöglichte zunächst mir selbst, aus blockierender EmotionsEnergie eine emotionale Kraft – oder EmoPower®, wie ich es nenne – zu schaffen! Dank dieser Methode konnte ich meiner Berufung folgen – für andere Menschen da zu sein.

Ich studierte viele Bücher, besuchte weiterführende Seminare, schloss eine Mediationsausbildung ab und begann als Emotionsmanagerin und Emotionstrainerin mit meinen Klienten zu arbeiten und entwickelte mich im Laufe der Jahre zur EmotionsExpertin.

Ich erinnerte mich auch daran, von wo aus ich gestartet war! Als ich ganz zu Beginn 2010/2011 nach „Emotion" googelte, fand ich außer Fachartikeln von Psychologen und Psychiatern nichts im Zusammenhang mit der Geschäftswelt. Für mich stand als Ziel fest, dass ich dieses Tabuthema Emotion unbedingt in die Businesswelt und besonders in die Führungsetagen zu den Führungskräften, Managern und Unternehmern bringen wollte.

Mein Umfeld belächelte mich und erklärte mir damals, dass ich damit scheitern würde. Das hat mich zwar verletzt, aber NICHTS UND NIEMAND konnte mich daran HINDERN, WEITERZUMACHEN und an meiner Vision meines Unternehmens chancemotion® dranzubleiben!

Denn schließlich hatte ich – selbst lange im Management tätig – an meinem eigenen Leib und meiner Seele erlebt, was alles möglich wird, wenn man die Kraft seiner Emotionen zu lenken und zu steuern vermag und diese emotionale Kraftquelle sogar als Turbo für seine Zielerreichung werteorientiert einsetzen kann.

Außerdem begann ich – nachdem meine 5+ABS® Methode bei meinen Klienten nachweislich funktionierte – zu erforschen, ob Erfolgsmenschen über ähnliche emotionale Fähigkeiten verfügten, wie ich sie damals für mich erreicht hatte.

Inzwischen ist die Liste meiner EmoTalk® Interviewpartner ziemlich lang, auf der viele Persönlichkeiten wie z.B. Prof. Dr. Gerald Hüther, Jutta Speidel, Sven Hannawald, Annette Frier oder Wolfgang Bosbach zu finden sind, die ich als EmotionsJournalistin persönlich gesprochen habe. Und in all diesen Interviews sah ich meine Vermutung bestätigt: Die Kraft der Emotionen fördert Erfolg und führt zu innerer Stärke.

Zu Beginn meiner neuen Karriere als Emotionstrainerin war ich eine Pionierin, als ich bei einigen Fachzeitschriften-Redaktionen meine Idee „Emotion & Business" einbrachte. Noch war ich nicht bekannt genug, um dort veröffentlicht zu werden, aber es gelang mir, erste Hürden zu überspringen und zu erreichen, dass Emotion als Thema von etablierten Experten in Fachzeitschriften aufgegriffen wurde.

Schließlich schaffte ich es dann doch, in bekannte Medien zu kommen. Dazu gehörte zum Beispiel mein erster Artikel bei FOCUS online unter dem Titel „Beruflicher Neubeginn – Ein Hirntumor half mir, meine Bestimmung zu finden".

All das gab mir enorme Kraft für die OPs in 2019. Diesmal brauchte ich keine anderen als Idol: Jetzt konnte ich mein eigenes Idol sein. Ich wusste ja, dass ich es bereits einmal geschafft hatte.

„Es ist doch nur ein ganz kleiner Teil von dir krank!"

Sehr geholfen hat mir, dass ich mir rein sachlich klar gemacht habe, wie winzig klein der erkrankte Teil im Verhältnis zum RIESENGROSSEN Rest meines Körpers war: wenige Zentimeter, ja nur wenige Gramm verglichen zu der ganzen Fläche und zum Gewicht meines Körpers. Ich machte mir klar, dass der allergrößte Teil meines Körpers doch GESUND war und ich diese Gesundheit und Kraft dafür einsetzen konnte, um wieder vollständig gesund zu werden.

Ebenso machte ich mir bewusst, dass es eine Gnade ist, behandelbare Tumore zu haben. Es gibt leider Menschen, die diese Möglichkeit nicht haben.

Ich hingegen bin um so vieles älter als sie und habe diese Chance „geschenkt“ bekommen, nach absehbarer Zeit wieder ein „normales“ Leben führen zu können.

**Freude, Glück und Urvertrauen sind die besten Begleiter, wenn scheinbar alle Sicherheitsnetze wegfallen.**

Dieses Bewusstsein gab mir eine so starke Kraft, dass ich mich diesmal auf die OP freuen konnte und glücklich darüber war, mich voller Urvertrauen in die besten Hände begeben zu können. Ich bin der Meinung, dass es keinen besseren Weg gibt, als sich auf einen Heilungs- und Lösungsweg – egal wie gravierend er sein mag – freuen und voller Vertrauen einlassen zu können.

Egal, was ist: Begrüße es in Liebe und empfange es als LernGeschenk.

Die erste OP in 2019 sollte an meinem Geburtstag stattfinden. Ein großartiger Termin für eine weitere „Neugeburt“, ein weiteres Lebensgeschenk – denn genauso sehe ich alle meine Hirntumor-OPs, die weiteren Behandlungen und all das Gute, das mir täglich widerfährt.

Und so kam mein Geburtstag und ich schaffte die OP!

**Was mir 2019 geholfen hat, mich mental und emotional auf meine OP vorzubereiten.**

- Die Fähigkeit, mir Hilfe zu holen, um die richtige Entscheidung treffen zu können
- Die Chance auf ein selbstbestimmtes Leben
- Meine Erfolge nach der ersten Hirntumor-OP:
    - Meine 5+ABS® Methode
    - Meine EmoPower®
    - Mein Entwicklungsweg, von der Haltlosigkeit hin zum EmotionsCoach, zur EmotionsExpertin und EmotionsJournalistin, die ich heute bin
    - Mein Durchhaltevermögen, an meinem Unternehmen chancemotion® als Pionierin dran zu bleiben – trotz aller Hürden
- Mein unbedingter Wille, es zu schaffen, gesund zu werden
- Meine erfolgreiche Genesung und somit ICH SELBST als mein eigenes Idol
- Mein Bewusstsein, dass der allergrößte Teil meines Körpers GESUND war
- Mein Glück darüber, dass die Tumore behandelbar waren
- Mein Urvertrauen, das ich mir regelmäßig in der Natur holte
- Meine Freude und mein Glück, die Chance zu haben, diese neue Challenge zu rocken!

- Mein Leben – mit allem, was es ausmacht – als unermesslich wertvolles Geschenk zu spüren
- Rechtliche Absicherung durch Allgemeine Vollmacht und Patientenverfügung

Gerade dieser letzte Punkt ist so unermesslich wichtig. Das habe auch ich erst begreifen können, als ich dies für meine an Demenz erkrankte Mutter in ihrem Sinne regelte.

Kümmern Sie sich bitte rechtzeitig und ohne Scheu um dieses wichtige Thema, holen Sie sich fachlichen Rat und lassen Sie die Dokumente unbedingt notariell beglaubigen.

Danach können Sie um so vieles freier durchs Leben gehen, denn

1. Sie erlösen Ihre Angehörigen von der Unsicherheit, ob sie in IHREM SINNE entscheiden, wenn das erforderlich sein sollte und

2. Sie können sich sicher sein, dass im Fall des Falles alle Beteiligten genau wissen, wie sie in IHREM SINNE handeln und sie nicht unnötig leiden müssen.

Stark geworden für die zweite OP 2019 – es gab aber noch ein Problem.

Auch für die zweite OP 2019 war ich bestens vorbereitet und voll mit emotionaler Stärke. Es gab aber noch ein Problem, das mich extrem belastete: meine demenzkranke Mutter. Belastet davon, dass ich jetzt nicht für meine Mutter da sein konnte, bat ich eine Psychologin in der Klinik um ein Gespräch, um mit ihr gemeinsam nach Lösungen für mein Dilemma zu suchen.

**WIR fanden keine Lösung. Die Lösung fand UNS ...**

Am 21. Mai 2019 erfuhr ich durch einen Anruf im Pflegeheim, dass meine Mutter im Krankenhaus lag, weil man sie am Morgen nicht mehr ansprechbar in ihrem Zimmer gefunden hatte. Nur wenige Stunden später – begleitet von meinem Bruder – starb sie ...

Die Gefühle in mir tobten wild. Zwischen die unendliche Trauer über den so endgültigen, schmerzhaften Verlust meiner Mutter mischte sich auch tiefe Erleichterung: Meine Mutter war jetzt frei! War endlich erlöst von dem Körpergefängnis, in dem sie die letzten zwei Jahre hatte verharren müssen.

Das Schicksal schien einmal mehr gnädig mit mir zu sein: Durch die Erlösung meiner Mutter fühlte auch ich mich erlöst. Ich hatte das Gefühl, damit eine echte Chance bekommen zu haben, weitermachen zu können, Kraft zu haben für die zweite OP, die nur sechs Tage später stattfand.

Auch diese zweite OP verlief gut und unmittelbar danach konnte ich in Reha gehen. Ich kannte ja all das schon und wusste genau, was ich tun, denken und fühlen musste, um im wahrsten Sinne wieder auf die Füße zu kommen:

Sehr geholfen hat mir dabei meine Vision: Immer wieder sah ich mich bei meinen Klienten, auf der Bühne bei Vorträgen, in Seminaren mit begeisterten Teilnehmer:innen. Ich sah das befreite Glück in den glänzenden Augen dieser Menschen, die ich inspirieren und unterstützen durfte. Genau diese Bilder schenkten mir die Stärke durchzuhalten. Ich glaubte durch sie ganz fest daran, all das wieder zu schaffen.

Eine andere Stütze war Bewegung! Auf gar keinen Fall wollte ich verharren! Mit dem Rollator konnte ich über die Flure gehen, raus schaffte ich es nur mit Hilfe meines Mannes, der mich im Rollstuhl in die Natur schob.

Ganz besonders wichtig war für mich Halt. Starken Halt gaben mir mein Mann, mein Bruder und seine Frau und meine Freunde. Und ich scheute mich auch nicht davor, mit dem ansässigen Pfarrer über den Verlust meiner Mutter und über meine Situation zu sprechen.

Ganz aktiv suchte ich mir Halt, in dem ich nach Hilfe Ausschau hielt. Das war eine 180 Grad-Wende verglichen zu meiner Situation aus 2010 und den Folgejahren.

Natürlich war mein körperlicher Zustand nach zwei Eingriffen unvergleichlich schlechter, auch war ich inzwischen neun Jahre älter. So dauerte es mehrere Wochen, bis ich bereit war, wieder Treppen laufen zu lernen. Mein erster Versuch waren die Stufen zum Park in die Natur! Zwei hatte ich mir vorgenommen – ganze neun (!!!) sind es dann geworden. Dafür habe ich mit der wertvollen Hilfe meiner Gesundheitstherapeutin über eine halbe Stunde gebraucht.

Die Wochen zuvor hatte ich überwiegend auf meinem Zimmer verbracht. Natürlich fühlte ich mich dort immer wieder einsam, weinte und trauerte: um meine Mutter, um mich selbst und darum, dass ich wieder in so eine Situation geraten war, trauerte um die Freiheit, die ich wieder verloren hatte.

Ich hatte den Mut, meine Gefühle zuzulassen und auszuleben

Ich erlaubte mir, meine Gefühle nicht runterzuschlucken, sondern ihnen den Raum zu geben, den sie brauchten, um so liebevoll die notwendige Disziplin aufbringen zu können, damit meine körperlichen und seelischen Wunden heilen konnten.

Nach drei Monaten war ich einigermaßen selbstständig, konnte kürzere Strecken allein gehen und fühlte mich schon wesentlich besser.

Ein böses Erwachen nach dem MRT

Die erste MRT-Kontrolluntersuchung stand an. Und natürlich hatte ich Angst davor. Immerhin hatte ich mich mit der Zeit damit arrangiert, dass von den fünf Tümis, die mein heimischer Radiologe gefunden hatte, nach vier operativen Entfernungen noch einer übrig geblieben war – jedoch nicht operabel.

Dann kam der Tag, an dem mich mein Mann zum MRT fuhr.

Mit vielem hatte ich gerechnet, doch nicht mit der Diagnose, die dann kam: Drei weitere Tumore wurden gefunden, zwei davon am Hirnstamm! Das war ein totaler Schock. Ich hatte es also nicht nur mit einem, sondern mit vier weiteren Tumoren aufzunehmen.

Nachdem die Ärzte der Heidelberger Uniklinik eine Bestrahlung mit ihren Möglichkeiten ablehnten, weil ich noch zu jung war und die Folgeschäden zu massiv gewesen wären, recherchierte mein Mann in den Wochen danach, welche anderen Möglichkeiten es für mich gäbe. Dank ihm und dank dem Tarif Best Care der DKV erfuhren wir, dass es an der Uniklinik in Freiburg eine fraktionäre, stereotaktische Bestrahlungsbehandlung gibt. An der Stelle „Danke!" auch unserem guten Freund Gerd Saupe, der mir vor vielen Jahren hartnäckig genau diesen Tarif wärmstens empfohlen hatte.

Als ich über dem Eingang „StrahlenHEILklinik" las wusste ich: Hier bin ich richtig.

Ich bin der Meinung, dass wir unseren Wortlaut in vielerlei Hinsicht unserer neuen Zeit und ihren Möglichkeiten anpassen sollten. Warum sprechen wir noch immer von

KRANKENhaus statt vom **GESUNDHEITShaus**,

von KRANKENgymnastik statt **GESUNDHEITSgymnastik**,

von KRANKENtherapeut:in statt **GESUNDHEITStherapeut:in?**

Und so begann ich hier Anfang 2020 meine 6-wöchige StrahlenHEILtherapie, die die intensivste Zeit meines Lebens wurde. Ich hatte das Gefühl, zwischen den Zeiten zu leben. Vergangenheit, Gegenwart und Zukunft waren ineinander verschmolzen. Ich war so intensiv bei mir, bei meinem Leben und im Moment. Ich fühlte tiefe Dankbarkeit für alles, was ich erlebt und überlebt hatte. Ich war glücklich, jetzt diese Behandlungsmöglichkeit bekommen zu dürfen – verbunden mit der Aussicht in eine Zukunft, in der ich ein gesundes, selbstbestimmtes Leben würde leben dürfen.

Egal, wie gut man seine Emotionen beherrscht – Gefühle sind immer da. Der Unterschied ist: Überlasse ich mich hilflos meinem Gefühl oder lenke ich es machtvoll?!

Während dieser intensiven Zeit in der Strahlenheilklinik habe ich viele kleine und große Dinge genutzt, die mir sehr geholfen und meine Heilung beschleunigt haben:

- Ich habe es mir gemütlich gemacht und mich häuslich eingerichtet: Fotos, die vielen lieben Karten, die ich bekam, stets frische Blümchen, eine Kuscheldecke von Zuhause, Bücher und immer eine Kanne mit leckerem Tee.

- Ich habe Kontakt zur Außenwelt gehalten: Besuche und Telefonate mit meinem Mann, meinem Bruder und meiner

Schwägerin, mit meinem Freundeskreis. Und über meine Posts auf Social Media die Resonanz bei meinen Followern.

- Ich habe mich viel bewegt: Die ersten vier Wochen bin ich täglich zum Münster und zurückgelaufen, mein Physiotherapeut hat mit mir zweimal die Woche Mobilisierungsübungen gemacht.

- Ich habe mir feste Rituale zugelegt: Meine Bestrahlungen waren immer früh am Morgen; ich war zeitig auf, duschte, ölte meinen „Wunderkörper“ ein und pflegte ihn, cremte meine Füße ein, frühstückte und ging dann runter zur Bestrahlung. Und immer, wenn ich aus dem Bestrahlungsraum wieder zurück in den Patienten-Wartebereich kam, wünschte ich meinen Mitpatienten einen „strahlend“ schönen Tag und schenkte ihnen mein schönstes Lächeln – es kam so reich zurück ...

- Ich war kreativ: Ich habe geschrieben, gemalt, gesungen ... am liebsten das Lied von Nena: „Wunder gescheh‘n“. Abends hörte ich schöne Musik und meine Mediationen.

- Ich habe mir in der Klinik ein Netz aufgebaut: Die Pfleger:innen, das Personal, die Ärzte – alle kamen immer gerne in mein Zimmer und viele haben sich Zeit genommen; auch hatte ich psychologische Begleitung.

Ich habe alles Erdenkliche unternommen, um mich mit mir und in mir wohlzufühlen!

Vor allem die körperliche Pflege war mir so wichtig – das hat sich bis heute nicht geändert. Denn was wäre ich ohne diesen zu Wundern fähigem Körper, der es mir ermöglicht, mein Leben mit allen Sinnen genießen zu können?

Nach der Bestrahlung ging ich wieder direkt in die Reha. Pandemiebedingt blieb ich nur vier Wochen. Und in dieser Coronazeit erging es mir sicherlich wie den meisten von uns. Zunächst hatte ich Angst und Sorge, mich anzustecken. Nach der Bestrahlung eine Covid-Infektion ... Das wäre nicht gut ausgegangen.

Doch als EmotionsExpertin stellte ich mich der Situation und konnte Stück für Stück die Kontrolle über meine Angst zurückgewinnen. So konnte ich die Zeit gut nutzen, um zu genesen.

**Hohe Achtsamkeit, zentriert aufs Wesentliche, und das Optimale aus der Situation herausholen ...**

Sehr gerne hätte ich in dieser Zeit schon anderen Menschen bei der Überwindung ihrer Ängste geholfen. Doch ich bin ganz stolz auf mich, dass ich mich anders entschied, denn ich erkannte: Ich kann anderen nur dann helfen, wenn ich selbst gesund bin.

Ich habe mich für mich entschieden: Für meine Gesundheit. Für meine Genesung. Für Zeit. Für Geduld. Fürs Urvertrauen.

Die Belohnung dafür war großartig: Meine Nachkontrollen zeigten sagenhafte Ergebnisse! Meine Tümis waren inzwischen alle geschrumpft! Es kam zwar im Frühjahr noch ein Nachzügler, aber ganz klein und prima gelegen, sodass nur eine einzige Bestrahlung nötig war. Doch diesen letzten Tümi hatte ich noch gebraucht, um mich ganz klar und zu 100 % für mich zu entscheiden. Nicht mehr zu hadern mit der Frage: „Wie lange habe ich noch bis zum nächsten Mal?“, sondern denken und SPÜREN zu können:

**„Ich bin gesegnet. Mir wurden so viele Leben geschenkt.“**

Dieses Geschenk würdige ich, indem ich mich fürs Urvertrauen entscheide. Jeden Tag aufs Neue! Diese Entscheidung für mich, mein Leben und meine Gesundheit hat sich in jeder Hinsicht gelohnt:

- Meine Ehe hat eine Ebene erreicht, die ich mir noch nicht einmal hätte erträumen können,
- ich arbeite wieder,
- ich bin gerade dabei, mein erstes Buch zu veröffentlichen,
- ich habe einen neuen, starken Geschäftspartner an meiner Seite, der mich in Marketing und vielem mehr unterstützt und unser bisheriges Team bereichert und unser Team wächst weiter.

**Was mache ich heute anders?**

Ich habe ein festes Sportprogramm, Zeit für Freunde und dadurch jeden Tag so viele unzählige Glücksmomente, dass ich mir immer wieder sage:

**„Fülle Deine Zellen mit Glücksmomenten auf!"**

Sie fragen sich, wie das geht?

- Ich hinterfrage mich immer wieder aufs Neue:<br>Was willst Du erreichen?<br>Was ist dafür notwendig?<br>Wovon verabschiedest Du Dich endlich – freiwillig?
- Ich führe weiterhin meine EmoTalk® Interviews und erfreue mich immer wieder daran, wie Erfolgsmenschen es einfach

„draufhaben“ mit ihren Ängsten, mit Jähzorn, Frust und anderen Gefühlen umzugehen. Es motiviert mich ungemein, dieses „geheime Wissen“ mit anderen Menschen zu teilen.

- Ich träume von den Jahren, die noch kommen, und zehre enorm von meiner inneren Kraft, die mich in die Zukunft zieht.

Ich glaube ganz fest daran, dass mein Weg einen ganz tiefen Sinn in sich birgt und dass alles, was ich lernen durfte, dazu beiträgt, dass ich unsere Welt ein winzig kleines bisschen besser machen kann.

Und Sie, liebe Leser:innen? Wofür brennen Sie? Welche magische Vision unterstützt Sie, über alle Hürden hinweg, Ihren Weg gehen zu können? Was brauchen Sie, um sich selbst endlich die Erlaubnis zu geben, ein glückliches, freies und selbstbestimmtes Leben zu leben? Wovon möchten Sie sich endlich befreien?

Wir Menschen kommen in unserem Leben immer wieder an Grenzen, die scheinbar unüberwindbar sind. Wir fühlen uns hilflos, verloren und einsam ...

Aber Sie sind nicht hilflos, Sie haben es selbst in der Hand. Die Lösung liegt in Ihrer Entscheidung, nämlich der Entscheidung für sich und gegen all das, was Sie davon abhält, Ihr Leben zu lieben.

Ich wünsche mir von Herzen, dass Sie durch diesen Beitrag für sich neue Hoffnung und Mut geschöpft haben, dass Sie die Courage in sich spüren, sich jetzt einem Vertrauensmenschen zu öffnen und gemeinsam nach Lösungen zu forschen, denn Sie müssen nicht alle Probleme allein lösen! Ein Vertrauensmensch sieht mehr, als Sie selbst sehen können!

Genau dafür lebe ich: Dass ich Menschen wie Sie inspirieren kann, sich wieder Träume zu erlauben und die Tür für Ihr Lebensglück zu öffnen.

Glauben Sie mir: Das Glück ist schon da. Es steht direkt vor Ihrer Tür und möchte nur von Ihnen hineingelassen werden!

Ihre Carmen Uth

## Alexander Wolf

Bild Alexander Wolf (Foto: Claudia Engl)

Alexander Roger Wolf ist Schauspieler, Filmschaffender und Coach. Geboren in Oakland (USA), wuchs er als Sohn deutscher Eltern zweisprachig in den USA und Deutschland. Er studierte Informatik und Medienberatung mit Schwerpunkt Film, bevor er sein erstes eigenes Unternehmen in Deutschland und Spanien gründete, zum Erfolg führte und anschließend gewinnbringend verkaufte.

Auf der Suche nach neuen Herausforderungen landete er schlussendlich da, wo er eigentlich schon die ganze Zeit hingehörte: vor und hinter der Kamera! Als gebuchter Schauspieler für Werbe- und Filmproduktionen hat er in vielen deutschen und internationalen Produktionen mitgespielt. Seine in Jahrzehnten hart erarbeitete Expertise – beruhend auf eigenen Erfahrungen und dem engen Austausch mit Kollegen – gibt er inzwischen in Workshops und Coachings weiter (www.get-the-job.de).

Sein Schwerpunkt liegt dabei darauf, wie sich seine Kunden bei Werbecastings, eCastings und Videocastings erfolgreich präsentieren. Außerdem produziert er mit großer Leidenschaft Fotos und Videos und denkt sich Social Media und Branded Content Kampagnen aus. Ach ja, Tennis spielt er auch sehr gerne, dazu am Ende dann mehr.

## Just do it

*„Ich hatte dem Job keine Ahnung und tat es trotzdem, weil ich einfach Bock darauf hatte."*

Der Werbeslogan des Sportartikelherstellers Nike® lautet: „Just do it." Für viele Menschen mögen diese drei Worte ein gekonnt inszeniertes Marketingwerkzeug sein. Für mich sind sie eine Lebensphilosophie. Mein Motto. Mein Leitspruch, dem ich schon seit vielen Jahren oder gar Jahrzehnten folge. Und an den ich mich immer wieder erinnere, wenn ich vor Entscheidungen stehe. Und vor denen stand ich in der Vergangenheit oft. Um zu erklären, was sie mit meinem Lebenswendepunkt zu tun haben, muss ich ganz weit in meinem Leben zurückgehen.

Am besten, wir fangen ganz am Anfang an: Geboren wurde ich als Sohn deutscher Eltern in Kalifornien. Das lag daran, dass meine Eltern sehr Amerika-afin waren, unter anderem deshalb, weil meine Mutter 1959 in Bad Nauheim als persönliche Sekretärin von Elvis Presley gearbeitet hatte. Als ich sieben Jahre alt war, zogen wir zurück nach Deutschland und ich verbrachte meine Kindheit und Jugend in Hessen auf dem Land. Soweit ich mich erinnern kann, tat ich als Jugendlicher nur zwei Dinge: Ich spielte sehr viel Tennis, zockte sehr viele Computerspiele und drehte paar Super-8-Filme mit der Kamera meines Vaters.

Als ich 18 war, hatte ich eine Freundin, die für ein Studium bei IBM im Winter 1990/1991 nach Berlin zog. Und weil mir nichts Besseres einfiel, ging ich mit ihr mit. Wie bereits erwähnt: Just do it!

Weil ich ja immer noch passionierter Zocker war, schrieb ich mich für den Studiengang Informatik an der Technischen Fachhochschule ein. Und, weil ich ein sicherheitsliebender Mensch bin (und mich manchmal nicht so gut zwischen zwei Optionen entscheiden kann), setzte ich mich auch an der Technischen Universität bei „Allgemeine Informatik" auf die Liste. „Wenn ich schon so gern Computerspiele spiele, kann ich auch einfach lernen, wie man sie programmiert", dachte ich mir. Rückblickend war das ganz schön dämlich. Schließlich hätte ich damals schon wissen können, dass ich fürs Programmieren überhaupt nicht geeignet war. Spätestens, nachdem ich ein halbes Jahr ein Praktikum bei einer Computerfirma absolviert hatte und das bereits furchtbar fand, hätte ich auf den Trichter kommen können, dass das keine so gute Idee war. Und tatsächlich, wenn ich ganz ehrlich bin, schwante mir sowas in die Richtung bereits. Mir gefiel dieses „normale Arbeiten" von morgens bis abends überhaupt nicht und ich merkte damals schon, dass das eigentlich nichts für mich war. „Oh, oh. Das mit Berlin, das wird nichts werden", befürchtete ich, als ich meine Sachen packte. Zudem hatte ich tierische Angst davor, vom Land und dem behüteten Leben dort wegzuziehen. Aber wäre ich damals auf die Idee gekommen, alles abzublasen? Nein, natürlich nicht. Und tatsächlich wäre mein Leben ja ganz anders verlaufen, wenn ich diesen für mich damals sehr großen Schritt nicht gewagt hätte.

Also zog ich mit meiner Freundin in den 14. Stock eines Plattenbaus in Hohenschönhausen. Halleluja!

Kurz nach Weihnachten fand der Umzug statt. Zum Fest hatte sich mein Vater einen Witz erlaubt und mir mit süffisanter Mine als Geschenk einen Trabant im Wert von 100 Mark geschenkt, mit den Worten: „Jetzt kannst du jedem erzählen, dass dein Vater dir ein Auto geschenkt hat!“ Wir haben beide jedenfalls sehr darüber gelacht. Love you, Daddy! ☺

Das Auto hatte ein Gießener Kennzeichen. Und weil das Auffanglager für Flüchtlinge in Gießen war, dachten in Hohenschönhausen alle, ich wäre aus dem Westen zurück in den Osten „geflüchtet“. „Endlich mal einer, der nicht abgehauen ist und sich dann nie mehr hat blicken lassen, sondern einer, der direkt wieder zurück in den Osten gekommen ist. Ist ja klar, hier ist es sowieso viel besser.“

So oder so ähnlich betrachteten mich die Nachbarn. Sie konnten ja nicht wissen, dass ich in Amerika geboren und im Westen aufgewachsen war und man eigentlich gar nicht viel mehr Wessi sein konnte, als ich es war. So schrecklich ich es dort auch fand, war ich doch bei unseren Nachbarn hochangesehen.

Mein Start in Berlin war also, um es mal milde auszudrücken, skurril. Und es wurde noch viel skurriler. Ich fuhr kurz nach dem Umzug mit meinem Trabbi – den ich später übrigens zusammen mit meinem Kumpels Bernd Bücker und Wotan Wilke Möhring mit Graffitis besprühte, so dass er richtig schön anarcho aussah – an die TFH, um mich über mein Studium zu informieren. Das war ein paar Tage nach Silvester 1991. Ich fiel aus allen Wolken: Von morgens 8 Uhr bis abends 18 Uhr sollte ich mir da langweiliges Zeug reinziehen. Mich packte die blinde Panik. Glücklicherweise erinnerte ich mich aber daran, dass ich ja auch an der TU noch eingeschrieben war. Also verlies ich die TFH schnellstens und fuhr zur TU.

Dort hatte das Studium zwar schon im Oktober begonnen, aber ich traf auf zwei Studenten, zwei richtig coole Typen, die sich meiner annahmen. Ich erklärte Grischa und Thomas mein Dilemma und sie beruhigten mich: „Mach dir keinen Kopf, du bleibst jetzt einfach bei uns und durch die Klausuren ziehen wir dich schon mit durch." Und noch etwas sagten sie: „Viel wichtiger als das Studium ist doch, dass wir hier ne gute Zeit haben. Da gibt es so einen Club, da musst du mal hin, sowas hast du noch nicht gesehen. Die spielen so neumodische Musik, die Techno heißt. Ist total geil." Das war mein erster Kontakt mit Techno und mein erster Schritt in ein sehr erfolgreiches Unternehmerleben.

Noch am selben Abend nahmen sie mich mit in den „Tresor", einen Club, der später einer der berühmtesten Technoschuppen der Welt werden sollte, der aber damals gerade erst eröffnet hatte. Ich war total geflasht. Von der Musik. Von den Leuten. Von der Szene. Wahnsinn! Und dann ging alles ganz schnell. Ich lernte viele Leute kennen und hatte über meine damalige neue Freundin Astrid Waters – also schon lange nicht mehr die Freundin, wegen der ich nach Berlin gezogen war – Kontakt zu den Chefs Hilke Saul, Lee Waters, Andreas Rossmann und Ralf Regitz vom legendären E-Werk. Der Club war ebenfalls weltweit bekannt für seine Technopartys. Die Chefs fragten mich: „Hast du nicht Bock, unsere Flyer zu verteilen?". Na klar, dachte ich mir, klar hatte ich Bock! Es interessierte mich dabei gar nicht besonders, wieviel Geld ich dafür bekommen würde.

Und weil in mir neben einem miserablen Programmierer nicht nur ein Künstler und Kreativer zuhause war, sondern auch ein Geschäftsmann mit einem guten Riecher für lukrative Geschäfte, entwickelte ich daraus ganz schnell eine Geschäftsidee: Wenn ich fürs E-Werk die Flyer verteilte, konnte ich bei dieser Gelegenheit doch genauso gut die Flyer von anderen Clubs verteilen! In meinem Auto war ja genug Platz für viele kleine Schuhkartons mit Flyern aller anderen Clubs. Gesagt, getan.

Ich kaufte mir ein Faxgerät (Achtung, wer kennt noch Faxgeräte? ☺) und schrieb sämtliche Clubs an. „Ich verteile die Flyer vom E-Werk", schrieb ich, „und ich kann auch eure Flyer verteilen." Weil das E-Werk zu dieser Zeit der angesehenste Club war, zog das richtig gut. Schließlich wollten ja alle Clubs so erfolgreich sein und ein Stück vom Kuchen abhaben. Also bekam ich mühelos viele Aufträge. Wir konzipierten eigene Postkartenständer, um darin die Flyer zu präsentieren, und das Geschäft ging ab durch die Decke. Erst nur in Berlin, dann deutschlandweit und später sogar in Barcelona. Parallel dazu leiteten wir die Vertriebsstruktur des Magazins „Flyer" und bauten sie von Berlin aus weiter aus. „Wir" schreibe ich, weil Astrid schon lange mit mir zusammenarbeitete. Ohne sie wäre das Ganze nie so groß und erfolgreich geworden. Hinter jedem erfolgreichen Unternehmen steht eben eine clevere Frau. 😉 Ich lebte zu der Zeit hauptsächlich in Barcelona und der Laden lief und lief und lief.

Und genau das war das Problem, das schließlich zu meinem Lebenswendepunkt führte. Denn ich bin niemand, der Jobs jahrelang treu bleibt. Sie fangen schnell an, mich zu langweilen. Außerdem war ich mit der Zeit genervt von Leuten, die ihre Rechnungen nicht bezahlten. Und sogar dem Nightlife war ich zunehmend überdrüssig. Wenn ich jetzt an diese Zeit zurückdenke, erkenne ich da ein ganz klares Muster. Mein ganzes Leben war es schon so, dass ich immer dann, wenn ich etwas aufgebaut hatte, weiterziehen musste, um meine Kreativität weiter auszuleben.

Ich kann Unternehmen gut großziehen, aber ich kann sie nicht gut verwalten. Das Einzige, dem ich wirklich schon mein ganzes Leben treu geblieben bin, ist das Tennis spielen. Aber dazu später mehr.

Mich nervte das mit den Flyern so dermaßen, dass ich richtig depressiv wurde. Ich wollte mir dringend was Neues suchen. Aber gleichzeitig traute ich mich nicht. Ich bin kein mutiger Mensch. Es ist nur so, dass mich meine Seele, wenn ich einer Sache überdrüssig bin, so malträtiert, dass ich gar nicht anders kann, als solang nach einem Ausweg zu suchen, bis sich etwas Neues ergibt.

Ich bin – das habe ich schon erwähnt – ein sehr sicherheitsliebender Mensch und ich wusste damals einfach nicht, wie ich das hinkriegen sollte: das Flyergeschäft aufzugeben und gleichzeitig abgesichert zu sein.

Die Lösung für mein Dilemma fiel mir nicht selbst ein, sie wurde quasi von außen an mich herangetragen. Denn damals beschloss meine Konkurrenz, mit der ich eigentlich einen Nicht-Angriffs-Pakt hatte, mich aus dem Geschäft rauszuschubsen. Nicht die feine Art! Aber ich konnte die Geschäftsführer mit viel Verhandlungsgeschick überreden, dass sie mir mein Unternehmen abkauften. In der Nachbetrachtung hätten sie mich auch einfach platt machen können. Haben sie aber nicht. Glück muss man haben! Der Deal war: Drei Jahre lang würden die neuen Eigentümer mir 3000 Euro netto im Monat überweisen, dafür, dass ich mich aus der Branche zurückziehe.

Sowas nennt man „Deus ex machina“: Wenn sich die Lösung für ein Problem wie aus heiterem Himmel präsentiert. Ich hatte die Flyer los, ich hatte Geld und ich hatte drei Jahre Zeit, um herauszufinden, was ich als nächstes machen wollte. Perfekt! Ich reiste viel und genoss es. Doch eine Idee, was ich mit meinem Leben als nächstes anstellen könnte, kristallisierte sich dabei nicht heraus. Ein Jahr, bevor diese sehr komfortable Situation enden würde, wurde ich langsam nervös. Was, wenn mir nichts einfiel? Heute weiß ich, dass mir damals gar nichts einfallen konnte. Probleme lassen sich nicht lösen und neue Ideen lassen sich nicht spinnen, wenn alles nur in der Theorie stattfindet. Ich bin weder an meine Grenzen gegangen noch habe ich Neues ausprobiert. Ich war zu bequem. Und meine Angst war zu groß. Mir ging der Arsch auf Grundeis, wenn ich das an dieser Stelle mal so explizit schreiben darf. Also fing ich an, viele Coachings zu besuchen und eine Vision zu entwickeln. Und die war furchteinflößend und völlig unrealistisch: Ich entschied mich dafür, als Schauspieler zu arbeiten! Ich war 36 Jahre alt, hatte von dem Job keine Ahnung und tat es trotzdem, weil ich einfach Bock darauf hatte. Manchmal wird aus meinem Motto also ein: „Just say fuck it and just do it!“.

Fairer Weise muss ich dazu sagen, dass ich nicht von ganz allein auf die Idee kam. Damals war ich mit der Modedesignerin Daniela Biesenbach zusammen. Sie guckte sich mein Dilemma eine Zeit lang an und sagte dann: „Alex, du musst mal ein paar Fotos von dir machen lassen und an eine Modelagentur schicken. Du wolltest doch sowieso immer Schauspiel machen!“.

Damit hatte sie recht. Ich war schon lange fasziniert von der Schauspielerei, aber ich traute mich einfach nicht, es anzupacken. Erst, als Daniela mir in den Hintern trat, wie einfach es war, einen Fuß in die Tür zu bekommen, wagte ich das Experiment. „Wenn andere das können, kann ich das auch“, dachte ich mir. Die Fotos, die mein bester Freund Ali Kepenek, Fotograf und Mitgründer von der Modelagency „Typeface“ damals von mir machte, waren super.

Das fand auch die Agentur VIVA in Berlin und ich wurde sofort genommen. Ich war total perplex, wie schnell das ging.

Doch da ich noch nie als Schauspieler gearbeitet hatte, gab es keinerlei Material von mir. Alles, was ich hatte, waren ein paar Fotos. Die einzige Chance für mich, als Schauspieler Geld zu verdienen und gleichzeitig an Schauspielmaterial zu gelangen, waren Drehs für Werbespots. Mein erstes Casting lief dann absurderweise original so ab: Ich war super nervös, stand vor der Kamera und hatte keine Ahnung, wie ich mich verhalten sollte. Schon nach der Hälfte der Spielszene schaltete der Kameramann nach einem Nicken des anwesenden Regisseurs die Kamera aus und man teilte mir mit, dass ich die Rolle „echt schön" gespielt hätte und jetzt gehen könne. „Danke und tschüss! Don't call us, we call you."

Ich dachte mir nur so: „Das wird nie was, ich habe es einfach nicht drauf, lass es bleiben!". Zu meiner großen Verwunderung erhielt ich ein paar Tage später dann die Zusage für den Job. Ich sollte für eine große spanische Bank den Businessmanager spielen. Vom Regen in die Traufe und ich dachte mir im völlig überzogenen Größenwahn: „Hey, das ist ja alles total easy! Was reden die Leute immer davon, wie hart es ist, Absagen zu bekommen bei Castings?" Ich war, gelinde gesagt, ein wenig dumm und naiv.

Natürlich rächten sich meine Überfliegergedanken zeitnah. Ich sag nur: Mieses Karma. Ich habe danach nie mehr – ich wiederhole: NIE MEHR – eine Rolle so schnell bekommen. Im Gegenteil: Mir ging es so, wie es vielen anderen ergeht, die in der Branche Fuß fassen wollen: Ich erhielt VIEL mehr Ab- als Zusagen. Manche davon waren wirklich schmerzhaft. Aber hey! „Sometimes you loose some, sometimes you win some", sagte mein weiser Papa früher schon immer zu mir. Dranbleiben und sich stetig verbessern.

Ich machte dann verschiedene Schauspielausbildungen und drehte in der Folge jahrelang vor allem Werbefilme. Das machte mir großen Spaß. Endlich hatte ich wieder etwas gefunden, was mich zu 100 Prozent erfüllte, mir Bestätigung und gutes Geld brachte.

Und weil ich nicht nur Informatik studiert hatte, sondern auch Medienberatung mit Schwerpunkt Film (das mit der Informatik – mal unter uns gesagt – stand ja von Anfang an unter keinem guten Stern), stand ich bald nicht nur vor, sondern auch hinter der Kamera. Trotzdem blieb ein kleiner Restzweifel, ob ich mich darauf nun wirklich würde verlassen können. Ich wollte eine Absicherung haben für meine Kunst, die ich da betrieb. Also mietete ich zum einen Wohnungen als Gewerbeimmobilien an, richtete sie schön ein und vermietete sie an Touristen. Damit hatte ich immer eine gute finanzielle Absicherung. Zum anderen ließ ich mich nicht nur zum Schauspieler, sondern auch zum Coach ausbilden. Auch das bescherte mir einen doppelten Boden: Hätte es mit den Schauspielaufträgen nicht gut geklappt, hätte ich mich einfach aufs Coachen konzentrieren können.

Doch es lief: Ich bekam sehr viele Rollen in Werbefilmen, spielte größere Nebenrollen in Netflix-Serien und war auch sonst richtig gut im Geschäft. Doch mit der Zeit – davon hatten wir es ja schon – wurde auch das mir zu fad. Ego, Ego, Ego: Das war alles, worum es beim Drehen ging. Ich beschloss für mich, dass ich nicht nur als Egozentriker vor der Kamera stehen wollte, sondern dass ich eigentlich anderen Leuten gern helfen wollte mit dem Wissen, das ich mir inzwischen angeeignet hatte.

Mein Schauspielerkollege und Freund Gabriel Merz hatte damals die Idee, dass wir eigentlich gezielt Coachings für Models und Schauspieler anbieten müssten, die Werbung drehen und sich per eCasting dafür bewerben wollten. Also riefen wir 2015 einen Kurs ins Leben, den es zu jener Zeit noch nicht gab und der sich mit der Thematik beschäftigte: „Wie präsentiere ich mich erfolgreich bei Werbecastings, eCastings und Videocastings?“ Weil Gabriel aber dann doch lieber Drehbücher schreiben und als Schauspieler arbeiten wollte, führte ich den Kurs dann allein weiter. Erst fanden die Coachings als Vor-Ort-Kurse statt, später stellte ich auf online um.

Mittlerweile helfe ich meinen Kunden und meiner Community über mein Instagram-Account, meine Onlinekurse und durch persönliche Videocalls. Und wenn ich alle fit gemacht habe vor der Kamera, dann fotografiere ich sie auch noch gerne. Das verschafft mir sehr viel Flexibilität und ortsunabhängiges Arbeiten. Somit kann ich seither im Winter auf den Kanaren leben und im Sommer wieder in Hessen. Berlin hatte mich ab 2015 einfach nur noch genervt und zudem war ich auch nicht mehr mit meiner Freundin zusammen. Es hielt mich also nichts mehr und ich wollte auch wieder zurück zu meinen Roots, dem Strandfeeling in Kalifornien (nur jetzt Fuerteventura) und dem Landleben nahe der Großstadt Frankfurt. Und weil bleibt, wer schreibt, habe ich zwischenzeitlich auch zwei Bücher dazu veröffentlicht, wovon eines schon nach wenigen Tagen ganz oben im Amazon-Ranking seiner Kategorie wurde.

Die Reise ist noch nicht zu Ende. Weil ich meinem „Just do it“ auch weiterhin treu bleiben werde und erweitert habe in „Keep calm, say fuck it and just do it!“, stehen bereits weitere Schritte an. Nachdem ich in den vergangenen Jahren eigentlich fast ausschließlich vor der Kamera stand, um meine Coachingvideos aufzunehmen, merke ich, dass es wieder Zeit ist für etwas Neues. Künftig werde ich weiter meine Coachings anbieten und mir zusätzlich selbst Kampagnen für meine Kunden ausdenken, das Drehbuch selbst schreiben, das

Drehen übernehmen und dabei auch gern wieder vor der Kamera stehen.

Und weil ich der Liebe meines Lebens – dem Tennissport – in all den Jahren treu geblieben bin, während Jobs und Frauen kamen und gingen, werde ich auch hier künftig mehr meinen Fokus legen und mich noch mehr in diesem Bereich betätigen, die Welt bereisen, Turniere besuchen, mehr Content im Bereich Sport, Lifestyle und Ernährung erstellen. Und da kommt meine alte Liebe „Tennis" ins Spiel.

Dass es darauf einmal rauslaufen würde, wusste ich tief in mir drinnen schon seit Jahren. 2015 wurde ich kurz vor dem Ende der French Open gefragt, ob ich nicht mit dem damaligen Weltranglistendritten, Stan Wawrinka, einen Werbespot für Evian drehen und dort seinen Tennistrainer spielen wollte. Das Turnier in Paris war in vollem Gange, Wawrinka spielte während des Telefonats gegen Roger Federer, damaliger Weltranglistenzweiter, und es sah nicht gut für ihn aus. „Aber warum wollt ihr mit dem Dreh noch eine Woche warten, der fliegt doch sowieso gleich aus dem Turnier. Wir können schon vorher starten!", sagte ich der freundlichen Dame der Werbeagentur. Doch sie schmunzelte nur und sagte, dass der Dreh erst nach Ende des Turniers stattfinden würde. Und was soll ich sagen? Wawrinka setzte sich sensationeller Weise am Sonntag, 5. Juni 2015, gegen Novak Dokovic, die damalige Nummer 1, durch. Zwei Tage später stand ich mit ihm in Zürich auf einem Tennisplatz vor der Kamera.

Das war für mich einer der schönsten Tage meines Lebens. Ich konnte mit Stan Wawrinka den ganzen Tag Tennis spielen und mit ihm quatschen. Er kannte bereits Filmmaterial von mir, das ich selbst produziert hatte, von dem ich nie geahnt hätte, dass es solche Kreise zieht. Ich drehte an dem Tag nicht nur das offizielle Werbematerial, sondern auch parallel dazu ein kleines Making Of, das ich später als „For the love of the game“ bei YouTube hochlud.

Weil es so improvisiert war, hatte es einen gewissen Charme und gefiel auch den Leuten von Evian so gut, dass sie es gerne im Web stehen ließen und für Promotionszwecke einsetzten. Das alles machte mir megaviel Spaß und passierte zu einem Zeitpunkt, als ich eigentlich nicht mehr so viele Werbungen drehen wollte.

An jenem Tag bekam ich aber eine Vorstellung davon, in welche Richtung sich mein Berufsleben künftig weiterentwickeln könnte. Mir wurde klar, wie wichtig der kreative Prozess für mich und meine Zufriedenheit ist. Ich bin gerne der Coach, der Schauspieler, der Regisseur und der kreative Ideengeber. Ich will alles! Und vor allem will ich endlich die Doku über meine Mutter und Elvis zu Ende drehen und fertig schneiden! ☺

Ihr Alexander Wolf

# Comida para Todos

Dranbleiben für einen guten Zweck.

Bild: Das Organisationsteam Comida para Todos Lions Palma de Mallorca (v.l.n.r. Marco, Dagmar, Wolfgang, Claudia, Heri, Klaus)

Der Lions Club Palma ist eine ehrenamtliche Interessensgemeinschaft, die sich zum Ziel gesetzt hat, sozial schwachen Menschen zu helfen. Im Zuge dessen wurde vor über zwölf Jahren das Sozialprojekt „Comida para todos“ (Essen für Alle) ins Leben gerufen. Das Projekt des Lionsclub Palma basiert auf der Idee, Menschen mit den Grundnahrungsmitteln zu versorgen. Dabei spielt es absolut keine Rolle, wie diese Menschen in die missliche Lage geraten sind, sich nicht aus eigenen Kräften zu ernähren. Daher auch der Name des Projekts „Comida para todos“, was auf Deutsch nichts anderes bedeutet als „Essen für alle“.

Diese Hilfsaktion zu Gunsten hungerleidender Menschen auf Mallorca ist eine absolute Herzensangelegenheit. Aktuelle Monatsberichte zu dem Projekt skizzieren Fortschritte und Erfolge.

Hungernde Menschen sind kein akzeptabler Zustand – es kann nicht nur, es MUSS geholfen. In Zusammenarbeit mit dem Discounter LIDL werden durch eigene Fahrer täglich die LIDL-Filialen der Insel angefahren und dort bereitgestelltes Obst und Gemüse abgeholt. Dieses wird dann zu verschiedenen Tafeln auf der Insel gebracht.

Um dies zu gewährleisten, wurden zwei 3,5-Tonnen-Kühltransporter gemietet, welche vom befreundeten Lions Club Calvia bezuschusst werden. Die Kosten für Lohn, Sozialabgaben und Benzin generiert der Lions Club durch Sponsoren und Spendenaufrufe. Die Mitglieder des Clubs arbeiten ehrenamtlich, so dass jeder Euro auch bei den sozial Schwachen, respektive dem Projekt ankommt. Täglich sammelt der Lions Club ungefähr 1,5 Tonnen an Obst und Gemüse, welches von den Tafeln Zaqueo, Can Gaza, Mallorca Sense Fam, SOS Mamas, Templarios Palma und Muro, Tardor und HOPE Mallorca verarbeitet und an die hilfesuchenden Menschen ausgegeben wird. Um dies zu bewerkstelligen, fahren zwei Kühltransporter gesamt 290 Kilometer pro Tag, auch samstags. Hierdurch wird gewährleistet, dass durch diese Aktion die wichtige Vitaminversorgung von Kindern und Bedürftigen sichergestellt wird. Da die Menge oft nicht reicht, werden noch Artikel des täglichen Bedarfs und Hygieneartikel hinzugekauft. Um die Finanzierung dieses Hilfsprojektes sicherzustellen, ist der Lions Club Palma de Mallorca auf Ihre Hilfe angewiesen. Die Projektkosten belaufen sich monatlich auf ca. 8.100,00 Euro (zwei festangestellte Fahrer plus zwei Kühltransporter, Benzin, usw.).

Bild: Dieses Bild entstand bei Mallorca Sense Fam während der Aktion „Lions gibt Gas", bei der wir vielen Familien auf der Insel einen Zuschuss zur Gas- und Stromrechnung übergeben haben, da diese Kosten enorm gestiegen waren. Der Trend setzt sich ja leider explosionsartig fort.

Bild: 18 Schulranzen im Wert von je a 250 Euro wurden vom Lions Club Neuruppin gespendet. Der Lions Club Palma durfte die Schulranzen an bedürftige Kinder in Llucmajor und Porreres übergeben.

Mit dem Kauf dieses Buches:

**Lebenswendepunkte 2**
**bewegend – bereichernd – inspirierend**
**Das Mutmacherbuch, um Chancen zu ergreifen!**

steuern Sie **2 Euro** für das Projekt „Comida para todos“ bei.

Ihr Beitrag hilft vielen armen Menschen auf Mallorca, denn diese Hilfe macht ihnen Mut und bringt vielleicht einen positiven Wendepunkt in ihrem Leben. Dranbleiben!

Mehr Informationen auf:
**https://lionsclubpalma.com**

## Lebenswendepunkte 3 – Ihre Geschichte?

Auch ich hatte mehrere Lebenswendepunkte in meinem Leben. Eine meiner Geschichten können Sie in Band 1 nachlesen. Aber das, was es für einen Wendepunkt braucht, ist Mut. Mut auch manchmal aus dem Rahmen oder Raster zu fallen und seinen eigenen Weg zu gehen. Ich habe es getan.

Heute mache ich, was mein Herz mir sagt. Ich begleite Menschen bei der Umsetzung Ihres Weges, damit diese Menschen nachhaltige Spuren hinterlassen. Spuren, an die man sich noch lange erinnern wird. In über 30 Büchern und unzähligen Keynote-Vorträgen gebe ich Menschen mit einfachen und schnell nachvollziehbaren Praxisbeispielen Hilfestellung, wie ein Lebenswendepunkt positiv gelingen kann. Wichtig dabei ist, dass ernste und kritische Sachverhalte so unterhaltsam und kabarettistisch zu präsentieren werden, dass die Highlights und Pointen zum Erlebnis werden.

Oft beginnt ein Lebenswendepunkt mit Schreiben. Denn wer schreibt, der bleibt! Ist erst eine Geschichte niedergeschrieben und somit visualisiert, beginnt der Wendepunkt oft von selbst. Sie müssen es nur zulassen. Als Autoren-Scout und Literaturagent habe ich so schon über 200 Autoren zum eigenen Buch verhelfen können. Wann starten Sie Ihr neues Leben und tun das, was Ihr Herz Ihnen sagt?

Hatten Sie auch einen Lebenswendepunkt in Ihrem Leben, welcher Ihr Leben verändert hat? Möchten Sie andere Menschen an Ihrem Leben teilhaben lassen, den Lesern mitteilen, was Ihnen widerfahren ist und wie Sie diesen Wendepunkt erlebt haben? Haben Sie Lust zu schreiben, eventuell sogar Autor zu werden?

Vielleicht dürfen wir Ihre Geschichte in Band 3 veröffentlichen und vielen Menschen bei einem Wendepunkt helfen.

Einfach eine kurze Email an **autor@peterbuchenau.ch** mit der Überschrift „Lebenswendepunkte 3" schreiben und wir nehmen Kontakt mit Ihnen auf. Wir freuen uns auf Ihre Geschichte.

*„Wer schreibt, der bleibt im Gedächtnis der Menschen!"*
*(Peter Buchenau)*

## Unterstützung beim Lebenswendepunkt gefällig?

Auf den nachfolgenden Seiten empfehlen die Autoren Bücher, Workshops oder Seminare, die Ihnen bei der Umsetzung des Lebenswendepunktes geholfen haben.

Betrachten Sie bitte diese Unterstützungsleistungen wertefrei.

## Buchempfehlung

Autor:
Peter Buchenau

Herausgeber: Metropolitan;
1. Edition (6. März 2018)

Sprache: Deutsch

Taschenbuch: 204 Seiten

ISBN-10: 3961860122

ISBN-13: 978-3961860128

UVE: 14.95

Von Kindesbeinen an folgen wir anderen – Eltern, Lehrern, Freunden, Partnern, Vorgesetzten. Sie geben die Richtung vor und weisen uns den Weg. So wird daraus allzu oft ein Trampelpfad, auf dem sich unsere eigene Spur verliert – und mit ihr unsere Träume und Wünsche. Doch es ist nie zu spät, abzubiegen und seine eigenen Ziele zu verfolgen. Erfolgsautor Peter Buchenau stellt viele inspirierende Geschichten von Menschen vor, die eingetretene Pfade verlassen haben und dadurch erfolgreich, glücklich und zufrieden geworden sind. Er ermutigt uns, auf unser Herz zu hören, unserer Spur zu folgen und uns auf den Weg zu einer authentischen Persönlichkeit zu machen. Peter Buchenau zeigt, wie es Ihnen gelingt, Ihren selbstbestimmten Lebensweg zu finden und ihn tatsächlich zu beschreiten. Es geht in diesem Buch um die Spuren, die wir als Persönlichkeit hinterlassen und an die man sich erinnern wird, um Ziele, die über das eigene Ich hinausreichen. Dieses Buch wird Sie auf großartige Gedanken bringen und neue Ambitionen wecken. https://peterbuchenau.de

## Buchempfehlung

Herausgeber:
Peter Buchenau

Herausgeber: tredition;
1. Edition (8. Juli 2021)

Sprache: Deutsch

Taschenbuch: 236 Seiten

ISBN-10: 3347344618

ISBN-13: 978-3347344617

UVE: 14.90

13 autobiografischen, inspirierenden Geschichten von Menschen, die zum Teil alles verloren hatten, die tief gefallen waren, die Schmerz und Trauer erleiden mussten. Und die es nicht nur geschafft haben, ihre persönliche eingefahrene Lebenssituation zu akzeptieren, zu überstehen, zu verändern. Sondern auch einen völlig anderen neuen Weg eingeschlagen haben. Erleben Sie was Kathrin Berner, Thorsten Gallena, Mariella Heyd, Tamara Lachner, Daniela Landgraf, Stefanie Lehmann, Carsten Lexa, Margit Lieverz, Hendrik Martz, Alexander Plath, Andrea Ritter, Claudia Strobl-Traninger und Mareke Wieben widerfahren ist und wie es ihnen gelungen ist, ihre Niederlagen und Rückschläge nicht nur zu überwinden sondern in Kräfte und Ressourcen für ein besseres Leben zu verwandeln. Dieses Buch ist ein Mutmacherbuch für alle Menschen, die in irgendeiner Weise weiße unzufrieden, unglücklich oder verzweifelt sind. Wenn die Autoren dieses Buches es geschafft haben, schwierigen Situationen zu überwinden, dann können Sie es auch.

https://peterbuchenau.de

## Buchempfehlung

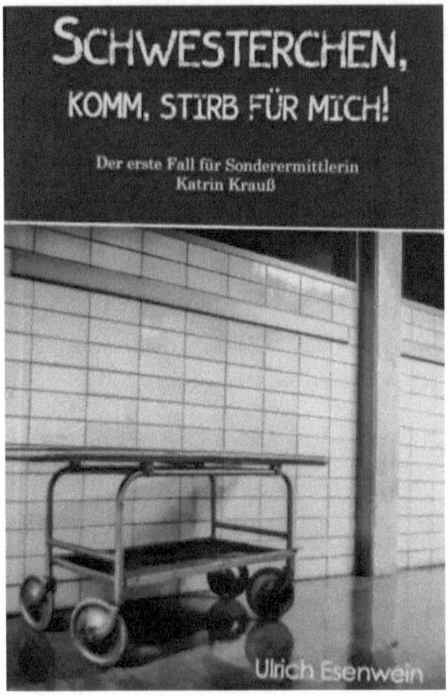


Autor:
Ulrich Esenwein

Herausgeber:
Westarp BookOnDemand; 1., Edition (12. Oktober 2016)

Sprache : Deutsch

Taschenbuch : 65 Seiten

ISBN-10 : 3864605474

ISBN-13 : 978-386460547

UVE: 12.80

Ulrich Esenwein war bis zu einer im Oktober 2014 durch eine Herz-OP hervorgerufenen schweren Erkrankung nahezu 25 Jahre, zuletzt als Ministerialrat, in zentraler Funktion für die Staatskanzlei Baden-Württemberg tätig und steht kurz vor seiner Pensionierung. Dieses Buch ist ein Versuch der Aufarbeitung seiner Krankheit, die ihn mitten aus einem aktiveren Leben riss. Er lebt glücklich verheiratet mit einer Kunstlehrerin im Enzkreis.

## Kursempfehlung: „Unerreichtes wird erreichbar"

- befreiendes Bewusstsein gewinnen:
  Ein Problem ist nur ein Teil des großen Ganzen
- neuen Lösungswillen in sich spüren
- wieder Glücksgefühl empfinden mit dem Wissen:
  für JEDES Problem gibt es eine machbare Lösung
- Mit Urvertrauen ins Leben seine Challenges
  Rocken
- Richtige Entscheidungen sicher treffen &
  selbstbestimmt handeln

Dass Sie kraftzehrende Gefühle wie Angst, Wut und Frust über Corona, drohenden Krieg und andere Unplanbarkeit empfinden, ist nur allzu menschlich. Doch welchen Preis bezahlen Sie, wenn Sie in ständiger Unausgeglichenheit leben? Entdecken Sie das mächtige Erfolgsgeheimnis für sich und Ihr Leben, sich nicht nur solche Emotionsblockaden bewusst zu machen, sondern sie sogar leicht machbar und nachhaltig wirksam zu transformieren. Denn eines kann ich Ihnen schon jetzt versprechen: Danach können Sie umso vieles freier durchs Leben gehen – so wie meine zahlreichen Coachees und auch ich selbst.

»Unerreichtes wird erreichbar«

Das gilt auch für Sie! Nach dem kostenfreien »Speedy EmoTransformer© Coaching« werden Sie bereits eine große Erleichterung spüren. Sie haben danach mehr Klarheit und Sicherheit und vor allem viel Mut und Zuversicht gewonnen. On Top spüren Sie endlich wieder neue Handlungsstärke und tragen das Gespür in sich, dass Unerreichtes jetzt auch für Sie erreichbar wird!

https://chancemotion.de/wendepunkt-emotion

## Lebenswendepunkte ... gibt es in jedem Alter!

Viele Menschen möchten ihren 3. Lebensabschnitt völlig anders beginnen und sind auf der Suche nach Gleichgesinnten! Sie träumen von einem milden Klima und suchen Anregungen und Informationen! Sie haben im Ruhestand zusätzlich ein finanzielles Problem!

**Die Lösung** ist der gemeinnützige **Verein „Lebenskonzepte mit Herz“**!

**Die Ziele** des Vereins sind Menschen zu unterstützen, die von ihrer Rente nicht leben können sowie realisierbare Lebensalternativen anzubieten - in Ländern mit guter medizinischer Versorgung und freundlichen Menschen! Weiter besonderes Wohnen anzubieten - mit persönlichem Freiraum, aber in einer Gemeinschaft, in der jeder Einzelne Wertschätzung erfährt!

Es ist kein betreutes Wohnen, keine Massenabfertigung, keine Luxus-Residenzen – dafür naturnahe, individuelle Tiny House-Siedlungen unter dem Motto **„Gemeinsam statt einsam!“**

Der Verein bietet Hilfe in sämtlichen Phasen einer geplanten Auswanderung! Wie können **Sie** den Verein unterstützen? Über eine Fördermitgliedschaft, eine Zusammenarbeit als Kooperationspartner oder über sonstige Mitarbeit und Ideen!

https://lebenskonzepte-mit-herz.com

## MK-Productions, um neue Wege auszuprobieren!

In unserem Tonstudio erstellen wir mit professionellen Sprecher-/innen und auch mit Kindern die von erfahrenen Schauspieler-/innen gecoacht werden, Hörbücher und Hörspiele. Durch Kooperationspartner wie „Musical Youngstars“ oder „Magdeburger Musical e. V.“ können wir soziale Projekte mit Kindern und Jugendlichen umsetzen. Außerdem arbeiten wir mit kreativen und professionellen Schauspielern-/innen zusammen und bieten eine Plattform für junge Regisseure-/innen, Autoren-/innen und Schauspieler-/innen die sich beweisen und kreativ ausprobieren wollen. Wir arbeiten mit Kindern und Jugendlichen und erstellen sowohl Hörbücher als auch Hörspiele mit Kindern. Wir bieten über Musical Youngstars Sprecherlehrgänge für Kids und Erwachsene an. Wir produzieren Theaterstücke und bieten gerade für junge Talente eine Bühne. Wir wollen die Zukunft in der Kultur fördern und voranbringen und binden wo immer wir können junge Talente in unsere Projekte mit ein.

# Eigene Kommentare, Träume und Wünsche

Printed in Poland
by Amazon Fulfillment
Poland Sp. z o.o., Wrocław

21108512R00118